Como Obter a Cooperação das Pessoas no Varejo

Antonio Luiz M. de Almeida Jr.

Como Obter a Cooperação das Pessoas no Varejo

QUALYMARK

Copyright © 2007 Antonio Luiz Mendes de Almeida Junior

Todos os direitos desta edição reservados à Qualitymark Editora Ltda.
É proibida a duplicação ou reprodução deste volume, ou parte do mesmo, sob qualquer meio, sem autorização expressa da Editora.

Direção Editorial	Produção Editorial
SAIDUL RAHMAN MAHOMED editor@qualitymark.com.br	EQUIPE QUALITYMARK

Capa	Editoração Eletrônica
WILSON COTRIM	UNIONTASK

CIP-Brasil. Catalogação-na-fonte
Sindicato Nacional dos Editores de Livros, RJ

A448c
Almeida Junior, Antonio Luiz Mendes de
    Como obter a cooperação das pessoas no varejo/Antonio Luiz Mendes de Almeida Junior. – Rio de Janeiro: Qualitymark, 2007.
    144p.

Inclui bibliografia
ISBN 978-85-7303-678-7

1. Administração de empresas. 2. Administração – Participação de empregados. 3. Relações trabalhistas. 4. Delegação de autoridade para empregados. 5. Desenvolvimento organizacional. I. Título

07-0087   CDD: 658.3152
                                       CDU: 658.331.1

2007
IMPRESSO NO BRASIL

| Qualitymark Editora Ltda.
Rua Teixeira Júnior, 441
São Cristóvão
20921-405 – Rio de Janeiro – RJ
Tel.: (0XX21) 3094-8400 | Fax: (0XX21) 3094-8424
www.qualitymark.com.br
E-mail: qualitymark.com.br
QualityPhone: 0800-263311 |

Dedicatória

À Suely, minha mãe, pelo amor e incentivo ao longo de toda a minha vida.

Ao Antonio Luiz ou simplesmente Tonyz, meu pai, por ser o meu exemplo de integridade, responsabilidade e o meu escritor predileto.

À Flavya, minha irmã, por me ensinar o valor da simplicidade e da amizade.

À Andreya, minha irmã, que me ensina o poder de acreditar nos sonhos.

À Carla, minha esposa, incansável apoiadora e sempre de bem com a vida, com quem, a cada dia, aprendo a ser uma pessoa melhor.

À Judite, minha fiel escudeira no trabalho com quem aprendo todos os dias a ser mais disciplinado e organizado.

A todos os gestores que tive a oportunidade de entrevistar, e cuja contribuição para este trabalho jamais esquecerei, o meu muito obrigado.

Apresentação

Em 2001, iniciei o meu mestrado e, como quase todo mestrando, não tinha definido ainda um tema para a dissertação. Ao longo do curso fui convidado para participar de um projeto pela Accenture, uma das maiores empresas de consultoria do mundo, no desenvolvimento de novos processos para uma grande empresa varejista. Foram alguns meses de correria sem igual para equilibrar as demandas do mestrado com o trabalho de consultoria.

Ao longo do projeto uma idéia começou a ficar renitente na minha cabeça: esta empresa alcançou níveis jamais imagináveis de sucesso, mediante o trabalho focado nas pessoas e na descentralização das decisões – a maioria delas era tomada nas pontas da operação e não nos escritórios. Anos depois, esta mesma empresa começou a se ver forçada, especialmente pela globalização, para mudar a sua estratégia: centralizar as decisões e a operação. Seria esse o melhor caminho?

Esta indagação ficou comigo ao longo do projeto e resolvi investigar um pouco mais. Acabou sendo a razão do meu mestrado. Dediquei-me a este tema de corpo e alma, pesquisei, entrevistei inúmeras pessoas, levantei números, comparei resultados e criei uma hipótese calcada em evidências concretas – que passei a chamar de humanização nas empresas – e nas boas e respeitadas teorias da administração que conhecemos.

Nos dias de hoje, a empresa estudada perdeu espaço no mercado e o futuro já não se mostra tão promissor. Daí a indagação que não quer calar: será que faz sentido investir em negócios com foco puramente econômico (lucros) em detrimento do valor das pessoas? Centralizamos as atividades e podemos correr sérios riscos com a perda de pessoas; descentralizamos e podemos correr o risco de o mercado nos engolir. Qual a solução?

Neste cenário, para auxiliar na reflexão e no dia-a-dia da gestão das empresas, nasceu este trabalho, nasceu este livro. Espero que aproveitem e que consigam confirmar e/ou repensar as suas estratégias empresariais e que suas empresas produzam resultados ainda melhores.

O Autor

Sumário

Capítulo 1: Sua Organização se Interessa por Você?, 1
Introdução: Onde Tudo Começou..., 1
Organização da Produção e do Trabalho, 7
A Rigidez da Centralização, 21
A Liberdade da Descentralização, 25

Capítulo 2: Administração de Poder: Quem é o Chefe?, 29
Globalização nas Empresas: A Desculpa que Faltava, 29
Centralização de Poder nas Organizações, 33
Descentralização de Poder nas Organizações, 37

Capítulo 3: Gestão de Pessoas, 41
Estratégias Empresariais e as Pessoas, 41
Fatores Motivacionais, 47
O Impacto do Ambiente de Trabalho, 53
O Diferencial Competitivo: Gestão Participativa, 62
Formação e Desenvolvimento de Equipes de Trabalho, 68
Retenção de Empregados, 73
Como Transformar Conflito em Cooperação, 78
Humanização nas Empresas, 81

Capítulo 4: Experimentação ou Realidade?, 89
Setor Varejista e o Cenário Brasileiro de Supermercados e Hipermercados, 89

Estratégia de Centralização das Decisões no Varejo, 89
Estratégia de Descentralização das Decisões no Varejo, 104
Caso: A Empresa Alma Varejista, 108

Capítulo 5: Cooperação das Pessoas = Fragmentação ou Centralização?, 121

Referências Bibliográficas, 129

Capítulo 1

Sua Organização se Interessa por Você?

INTRODUÇÃO: ONDE TUDO COMEÇOU...

Até onde os valores e as preocupações das empresas com os seus empregados são realmente considerados nas decisões estratégico-gerenciais? Será que o impacto da conquista econômica frente ao fator humano é realmente compensador? Qual o modelo organizacional ideal? Por outro lado, qual a real contribuição dos programas de avaliação, remuneração e motivacionais das organizações? Como lidar com a ambição pelo poder em contrapartida à valorização das pessoas? Como conseguir, ao mesmo tempo, a sintonia fina entre os desejos econômicos e a motivação e satisfação das pessoas? Esta última certamente guarda na sua essência a resposta que nos dará o caminho a ser seguido.

Será que as reais conseqüências do processo de centralização do poder estão sendo avaliadas? Como fica o fator humano neste cenário? Até onde existiu e existirá a preocupação com a satisfação e a motivação dos gestores engessados? Onde fica o discurso que atesta que as pessoas representam o que há de mais relevante para as organizações se, no momento da verdade, no momento em que são decididas questões que provocam impactos consideráveis na atuação das pessoas, as mesmas não são sequer ouvidas?

O que os dirigentes entendem como sendo a busca pela humanização das empresas? Será que estes modernos gestores de hoje entendem o verdadeiro papel que possuem à frente de uma empresa? Ou estão mais preocupados com resultados financeiros sem dedicar tempo e esforço ao desenvolvimento e ao preparo de novos empregados? E mais, esperam obter cada vez melhores resultados e esquecem quem verdadeiramente produz estes resultados!

Essas e outras perguntas demandam respostas rápidas e consistentes, pois o impacto negativo no moral e na motivação das pessoas que produzem os resultados no dia-a-dia pode vir a comprometer todos os sonhos.

A verdadeira humanização das empresas é um caminho sem volta e sem fim, inicia-se com a consciência de sua importância, com o nascimento de novas atitudes, e prossegue com o desenrolar de novas políticas moldando a cultura da empresa e, gradativamente, colorindo o ambiente de trabalho. Quando iniciamos um processo como esse, é impossível voltarmos a imaginar como conduzíamos as nossas empresas antes.

São questões atuais e que independem do segmento de negócio, da natureza da atividade, do local físico ou de qualquer outra variável; onde existem pessoas trabalhando, existe espaço para a humanização da empresa.

O homem parece ter perdido o referencial do desenvolvimento administrativo e das relações sociais. O mundo de hoje é interdisciplinar e interdependente. Não podemos tomar uma decisão unilateral sem prever as suas reais conseqüências. Definir a busca por uma meta econômica em detrimento das pessoas ou, por outro lado, definir a motivação das pessoas sem uma meta econômica balizadora dos resultados almejados pela empresa são duas alternativas que, invariavelmente, apontam as empresas para uma direção de conflito de interesses.

O que pesa mais? O que é mais importante? É melhor atingir os resultados financeiros necessários e desejados e, ao mesmo tempo, correr o risco de perder empregados treinados e competentes, ou privilegiar a humanização, isto é, priorizar a atuação das pessoas, colocarmo-nos no lugar dos empregados e observarmos o universo a partir dessas lentes? Fazendo isso, estaremos abraçando o desconhecido e a indesejada hipótese de comprometer os resultados financeiros.

Estas e outras perguntas rondam os pensadores da administração há muito tempo. Não seria esse um dos grandes dilemas envoltos nas decisões estratégicas, ou melhor, um dos papéis das teorias da administração não seria exatamente este: procurar mostrar e estimular ações que auxiliem a cooptação da razão substantiva em prol da razão funcional? Os tempos passam e os eternos conflitos existenciais das organizações vão se perpetuando e se flexibilizando, mas, a sua essência, a relação homem/empresa, essa jamais mudará.

O fenômeno da globalização veio incendiar ainda mais o já complexo cenário empresarial, na medida em que estimula a mudança de estratégia, quebra inúmeros paradigmas e, sobretudo, na proporção que impõe a necessidade de um repensar estratégico e gerencial. As empresas não podem fechar os olhos para este fato. Este fenômeno já deixou de ser uma novidade, já é realidade, veio para ficar e já está no meio de nós.

A transformação do mundo é real, aproximou os continentes, transformou inúmeras organizações, até ontem locais e regionais, em organizações mundiais, com operações aqui e ali, espalhadas por diversos lugares e produzindo onde faz mais sentido produzir, isto é, onde os resultados e o custo/benefício são melhores.

Com esta mudança, normalmente, as empresas tendem a buscar ganhos de escala e se transformam em maiores organizações e não, necessariamente, em melhores organizações. Sendo assim, o que move a verdadeira mudança é o fator econômico e, jamais, o fator humano e social.

De fato, há males que vêm para o bem. A globalização propiciou uma série de benefícios e oportunidades para inúmeros mercados e organizações. No entanto, deixou no meio do caminho um rastro de empresas que até hoje se encontram perdidas quanto à sua verdadeira vocação e a seus valores organizacionais, que buscam obter ao máximo algum retorno financeiro em suas atividades, esquecendo-se de quem realmente são, do que verdadeiramente acreditam e do que valorizam.

Muitas vezes, é mais fácil seguir o caminho de sucesso dos outros do que trilharmos o nosso. Muitas vezes, é mais fácil olharmos pelo retrovisor para planejarmos o nosso futuro. É muito mais simples ficarmos na nossa zona de segurança onde nos sentimos confortáveis, onde o caminho já foi percorrido e todas as curvas e perigos são conhecidos. A questão é, a estrada mudou, onde existia uma reta, agora tem uma curva acentuada. De que adianta o seu mapa agora? Este é o novo cenário e o que você vai fazer a respeito?

Neste novo mundo globalizado, surgiram novos clientes, pessoas como eu e você, que, sobretudo, exigem atendimento cordial, preços condizentes com os praticados no mercado em geral, propaganda coerente e verídica, vitrines bem sinalizadas e atraentes, produtos e serviços impecáveis, entre outros aspectos.

Para um novo perfil de consumidor, necessariamente, precisa-se de um novo perfil de empresa, pelo menos no que tange aos seus talentos humanos. Sem isso, simplesmente, os novos clientes procurarão a concorrência preparada e ávida por adotá-los.

Com este perfil de cliente, as organizações precisam acordar e conferir maior importância para os seus gestores e talentos, uma vez que eles constituem o verdadeiro capital da empresa, eles farão a diferença. Empregados motivados e bem preparados podem produzir inúmeros resultados tangíveis e intangíveis e, deste modo, contribuir decisivamente para o êxito da instituição.

Estamos recebendo inúmeros sinais no sentido de escolher a verdadeira vocação para os nossos processos decisórios. Nem tanto ao mar, nem tanto à terra, a solução ótima virá pela busca do ideal, do caminho que permita às empresas conquistarem os resultados almejados, mesmo que, para isso, precisem abrir mão de um percentual considerável de suas metas financeiras. As soluções organizacionais devem e precisam atender aos dias que vivemos.

Este livro objetiva transmitir uma visão abrangente da eterna discussão quanto à centralização ou descentralização do processo decisório e das atividades nas empresas, olhando, crítica e construtivamente, a necessidade de se buscar maior humanização, isto é, maior valorização das pessoas dentro das organizações.

As relações de poder ocorrem o tempo todo, quer sejam entre empregados e dirigentes, quer sejam entre organizações. O importante é percebermos até onde determinada ação contribui para o crescimento da instituição. Se determinada política interna não ajuda no desenvolvimento da empresa, qual a razão de continuar sendo praticada? Em geral, o discurso é pomposo e correto; no entanto, a prática é muito diferente.

Quando falamos em centralização, estamos abordando a busca pelo poder e pela concentração das decisões nas mãos de poucas pessoas. Já a sua opositora, a descentralização, delega poderes para várias pessoas e administra olhando mais o lado humano e do consenso do que do poder e da hierarquia.

Pretendemos, por meio das teorias administrativas e de suas tendências, bem como por intermédio das particularidades do setor estudado, refletir sobre os verdadeiros benefícios e vantagens que a centralização das decisões traz e se realmente pode contribuir para o crescimento dos negócios.

Como tratar a diferenciação e a satisfação dos clientes, quando o importante é o cumprimento das normas e das metas financeiras da matriz? Será esse o paradoxo com que as organizações se defrontam? Ou mais um modismo que, como todos, o que era *old fashioned* ontem poderá ser a nova solução de amanhã. Neste balanço, não será surpresa nenhuma se em breve esta tendência vier a ser substituída pela mais nova descoberta da administração gerencial. Neste sentido, abordaremos a discussão do fordismo e do pós-fordismo, unicamente sob a ótica das relações de trabalho.

Da mesma forma, serão abordadas as vantagens e as desvantagens da aplicação do modelo gerencial descentralizado.

Levaremos em consideração a teoria da administração científica de Taylor, com sua sistematização e controles, e a Escola das Relações Humanas, com a defesa do fator motivacional. Uma atenção profunda para o lado humano nas organizações baseando-se, sobretudo, nas teorias X e Y descritas por Douglas McGregor representam uma das bases conceituais deste trabalho.

Olhar a importância das relações humanas nas organizações, as funções da gerência entre outros aspectos de liderança e gestão desenvolvidos nos trabalhos de Mary Parker Follett são, juntamente com a flexibilização organizacional e suas técnicas gerenciais contemporâneas, as principais fontes teóricas de sustentação deste livro.

Refletindo sobre este balaio conceitual e sua aplicação no mundo empresarial de hoje, acrescentamos uma inédita abordagem para o desenvolvimento do ser humano nas organizações incluindo a formação de equipes e o direcionamento para os resultados almejados.

Esta inquietação foi examinada no cenário varejista atual, considerando as decisões estratégicas que influenciam as gerências operacionais, motivadas prioritariamente por aspectos econômicos e relevando diversos outros fatores, sobretudo o fator humano, cada vez mais fundamental para o alcance do sucesso nos dias de hoje.

Mencionaremos um caso empresarial de uma grande organização do setor varejista de modo a exemplificar com maior riqueza as mensagens e as reflexões desejadas. A ALMA VAREJISTA é um nome fictício oriundo dos momentos de criatividade (ou falta) deste autor. Diversas entrevistas foram realizadas com os gestores da organização selecionada, objetivando emoldurar o ponto de vista explicitado.

Este livro é ambicioso e pretende ir além do que é conhecido. Muito mais do que relatar algumas experiências e teorias pretende provocar e instigar o leitor a reavaliar os seus paradigmas no desenvolvimento das pessoas. Precisamos dar atenção especial às questões envolvidas na escolha e nas relações da estratégia empresarial (centralizar ou descentralizar decisões e atividades) com os seus impactos nos diversos fatores de produção de uma organização, mas, sobretudo, devemos olhar o ser humano neste processo.

Valorizar as pessoas não é simples sinônimo de possuirmos um bom plano de carreira e contratarmos um "ótimo" gerente de recursos humanos. Vai muito além desta prática, é entender o ser humano como um ser complexo e constituído de inúmeras facetas, é olhar o lado comportamental e incentivar o seu crescimento constante.

A partir daí, poderemos estimular a busca incessante das melhores soluções empresariais, objetivando minimizar as conseqüências negativas sob o ponto de vista social, econômico e político para os seus empregados e para toda a comunidade por eles influenciada.

Além de poder auxiliar nas soluções empresariais estratégicas e seus desdobramentos, este livro poderá agregar descobertas aos estudos organizacionais e às suas teorias, na medida em que permitirá confrontar suas ponderações com os resultados financeiros de êxito ou fracasso. Resultados esses obtidos ao longo do tempo pelas empresas que ousem refletir e praticar estes conceitos.

Os resultados deste processo servirão, ainda, para estimular a crítica nas empresas que buscam em determinados momentos o repensar estratégico de suas atividades. Organizações em fase de expansão para além das fronteiras estaduais e nacionais, que estão envolvidas com operações em diferentes localidades e regiões. E, por fim, empresas que desejam implementar estratégias que contribuam efetivamente para o sucesso organizacional, ao mesmo tempo em que garantam a uniformidade de seus produtos, de seus serviços e de sua imagem institucional, sem, contudo, perder a motivação e a satisfação de seus empregados.

ORGANIZAÇÃO DA PRODUÇÃO E DO TRABALHO

A capacidade de adaptação aos novos tempos tornou-se o aspecto mais importante na sobrevivência no mundo corporativo. Estamos no meio de uma revolução sem precedentes no mundo empresarial: um capítulo de nossa história que pode vir a ser lembrado pela realização de um dos maiores erros estratégicos, e, por conseguinte, gerencial, das grandes cadeias organizacionais. Empresas que, em sua maioria, surgiram no auge do período fordista, obtendo grande crescimento nas décadas de 60 e 70, e que souberam quebrar as amarras do Fordismo e buscaram a diferenciação como estratégia de negócio, característica marcante e essencial do período pós-fordista.

Não podemos negar a questão insólita deste momento. Por um lado, pressionadas pelos requisitos da competição global que impõe padrões e exige escala para começar o jogo, as empresas buscam técnicas gerenciais e estratégias muito próximas dos preceitos do fordismo; todavia, estes preceitos são ultrapassados e, muitos, indesejados para os dias de hoje. A sociedade evoluiu para novos patamares de democratização e consciência social – simplesmente, o mundo não é mais como costumava ser. Trata-se de uma transformação de valores, costumes e hábitos que se apresenta de forma irreversível.

Por outro lado, com o incentivo pela busca da humanização das empresas por intermédio de práticas gerenciais mais flexíveis e com valores corporativos voltados para a compreensão acerca da importância dos empregados e dos aspectos humanos na organização, as empresas caminham, naturalmente, para uma ação mais próxima das características do pós-fordismo.

Privilegiar práticas pós-fordistas não estimula tampouco protege a organização contra os ataques da globalização, o que pode levar a comprometer a sua sobrevivência neste novo mundo empresarial.

Uma das reflexões deste momento é sobre a verdadeira necessidade de se partir não somente para a humanização da organização, mas também de utilizá-la como um tubo de ensaio para promover o crescimento pessoal e o estímulo para a auto-realização dos empregados.

O fordismo e o pós-fordismo implicam uma série de pressuposições sobre a natureza humana, estimulando organizações da produção de maneira distinta e adequada ao conjunto de valores e premissas desenhados para o comportamento humano. Isto é, não existe modelo melhor ou pior e, sim, modelos organizacionais condizentes com distintas realidades acerca do momento da sociedade e coerentes com as tendências administrativas do meio empresarial de suas épocas.

Para entendermos o fordismo, não podemos, jamais, ficar desconectados dos preceitos e das concepções do taylorismo. Ambos, mutuamente, influenciaram-se. O taylorismo pode ser entendido como o antecessor das características do fordismo: o crescimento da atuação fordista no cenário empresarial propiciou o fortalecimento de medidas já concebidas anteriormente bem como o aperfeiçoamento e a criação de novos mecanismos para a que ficou conhecida como administração científica.

Inicialmente veio o fordismo, como uma nova forma de gerir a produção e, mais tarde, transformou-se em um modelo híbrido, envolvendo técnica e aspectos econômicos. Entretanto, quando observamos o fordismo como um modelo utilizado para gerenciamento, este não existiria sem o seu precursor taylorismo. Definitivamente, sem o taylorismo e os seus preceitos, não haveria o fordismo.

Ao longo dos anos, toda a rigidez e a exacerbada preocupação com a racionalidade do trabalho, buscando os melhores tempos possíveis na realização das atividades e métodos cada vez mais eficientes, acabaram por promover o engessamento das tarefas e funções. Ou seja, todos deveriam comportar-se da mesma forma e realizar os mesmos passos e, deste modo, chegariam ao mesmo resultado, que era o desejado pelos administradores.

A motivação do homem estava atrelada aos valores econômicos. Entendia-se que quanto mais produzisse, quanto mais conseguisse reproduzir as tarefas predeterminadas e, na maioria delas, repetitivas, o profissional seria valorizado e estaria em absoluta conformidade com o pensamento vigente.

Até os anos 50, todos os bens e serviços eram uniformes e o alvo principal era a produção de grande escala e a visão de continuidade no longo prazo. Nesta época, reinavam em absoluto os conceitos da administração científica de Frederic Taylor, a chamada Escola Clássica.

O pensamento mais relevante desta época poderia ser sintetizado na crença de que alguém seria considerado um bom gerente à medida que soubesse planejar os próximos passos, organizar e coordenar as tarefas de seus subordinados e, sobretudo, que soubesse comandar e controlar tais atividades.

Era, sem sombra de dúvida, um período da história em que a racionalidade superava completamente a experiência, o que importava era a razão e a lógica dos números para a consecução das atividades.

Os grandes nomes desta Escola são Taylor e Fayol. O primeiro era um técnico que passou a se ocupar com experimentos voltados para o aumento da eficiência do trabalho em si e, pela sua formação americana, preocupava-se com métodos mais direcionados para a dedução, para a lógica e para a racionalização do trabalho. Henri Fayol, com formação francesa, contemporâneo de Taylor, era engenheiro, com uma atuação profissional mais ressaltada para a administração diretiva que o conduziu, dentro da filosofia da Escola Clássica, para o estabelecimento de princípios gerais da administração. É de Fayol a divisão de funções do administrador em planejar, organizar, coordenar, comandar e controlar.

Não menos relevante, foram as contribuições de Henry Gantt que introduziram uma compreensão de natureza psicológica do ser humano, utilizando a psicologia para buscar o incremento da produtividade no trabalho. Deste modo, Gantt iniciou uma movimentação interessante para a época, reconhecendo a eficiência dos incentivos não monetários em um período que o *homo economicus* era absoluto. O moral do trabalhador adquiriu novo *status*.

As idéias principais deste movimento da administração prenderam-se na visão do *homo economicus*, entendendo que o homem é, sobretudo, racional, e que, em suas decisões, tem noção exata das suas alternativas e das conseqüências das mesmas.

Nesta idéia, sem dúvida alguma, o que flui na veia humana é o sangue monetário, é a busca pelo lucro, pela maximização econômica; a produção-padrão constituiu-se em outro importante alicerce conceitual deste movimento, em que a principal função do administrador da época era a determinação da única maneira correta de execução de um trabalho.

A eficiência máxima será o resultado deste único caminho escolhido. Por intermédio de estudos de tempos e movimentos bem como subdividindo o trabalho em diversas etapas, buscava-se a simplificação e maior eficiência.

Não obstante, este estudo acerca do trabalho, era imperioso dispor do que ficou conhecido por Taylor como "o homem de primeira classe" que vinha a ser a pessoa certa para cada tipo de trabalho, e, portanto, o resultado seria maximizado.

A partir desta idéia, a participação e a importância do administrador tomaram novo rumo, ele precisava planejar cuidadosamente a execução de cada operação. Deste modo, aos operários ficaria apenas a execução do que fora planejado.

Pagaria-se mais para aquele empregado que produzisse mais. Simples assim, era o sistema de incentivo monetário criado na época e que, até hoje, muitas organizações ainda utilizam com ardor.

A administração científica percebia estas idéias como uma forma de se estruturar as empresas. O bom planejamento e controle são condições indispensáveis para que todo o processo de racionalização do trabalho e das tarefas produzam bons resultados.

As idéias básicas da Escola Clássica poderiam resumir-se em alguns postulados:

- quanto maior for a divisão do trabalho, maior será a eficiência da empresa;
- quanto maior for o agrupamento de tarefas com base na semelhança de propósitos, maior será a eficiência da empresa;
- elevado grau de centralização das decisões e controle rígido das operações promoverá maior eficiência na empresa;
- o princípio de tudo prende-se no objetivo de organizar mais as atividades do que os homens. Assim, o gerente não deverá levar em consideração as questões pessoais de quem ocupará os cargos.

Diversas críticas foram feitas ao que estes conceitos representavam, culminando principalmente no questionamento básico acerca da natureza e da veracidade do *homo economicus*. Entendiam que o homem é muito mais complexo do que isso e que tentar prever o seu comportamento somente com esta vertente é sofrer de miopia crônica ou não enxergar a *big picture*. Desta forma, quase todos os princípios desta Escola foram combatidos e, em certo sentido, invalidados.

Quando consideramos o homem somente à luz da variável econômica como determinante do seu comportamento na empresa, tiramos uma foto de um momento, mas, de fato, não lograremos êxito na prática diária. Não é assim que acontece. O ser humano é complexo, é emoção e razão ao mesmo tempo.

A visão de que só existiria uma forma de fazermos uma tarefa foi bastante atacada. Hoje em dia, temos a tranqüilidade de afirmar que este preceito é uma completa aberração. Sempre existem novos caminhos e novas alternativas para a mesma questão.

Ademais, esta miopia, no longo prazo, não conduziria ao incremento da produtividade das tarefas. Certamente, poderiam surgir atitudes negativas em relação ao trabalho, à empresa e à gerência.

Com esta realidade em tela e profundamente influenciados por esta organização do trabalho, com as pressuposições e os valores da administração científica, as organizações estruturaram-se neste alicerce teórico acerca do comportamento humano, culminando com modelos de gestão da produção calcados nestes preceitos e nesta visão. De fato, o fordismo ganhou impulso e incentivo a partir do taylorismo.

O fordismo utilizado como uma técnica de gestão da produção, similar ao taylorismo, teve seu início na produção de automóveis pelas idéias e pelas mãos de Henry Ford que, entre outros conceitos, trouxe para a administração contribuições como a criação da linha de montagem e da produção em massa. Esta última, notadamente, uma conseqüência e uma característica do crescimento do fordismo.

Como a administração científica pregava controles e procedimentos entre demais aspectos do taylorismo, muitas foram as contraposições ou incrementos à proposta taylorista e, por conseguinte, ao fordismo. Entre os diversos enfoques em torno da gestão da produção e do entendimento da natureza humana, é válido percebermos os estudiosos da Escola de Relações Humanas e os behavioristas, que muito contribuíram para entendermos o ser humano como sendo detentor de algo a mais, de outras facetas até então relegadas ou desconhecidas sob a luz dos conceitos mecanicistas.

A partir da aceitação de que o homem poderia ter e assumir características outras que não somente a econômica, isto é, de que a complexidade do ser humano ultrapassa a visão simplista do modelo clássico, começaram a surgir outros movimentos e experiências que objetivavam descortinar novas e tangíveis perspectivas organizacionais.

Neste contexto, as idéias preliminares da Escola de Relações Humanas passaram a conquistar divulgação e crescimento. Foi uma época de crise no mundo capitalista, na década de 30.

Nesse período, o grande foco dos gerentes e dos empresários era com o incremento da produtividade com a conseqüente redução de custos. Foi uma época, portanto, em que a Escola de Relações Humanas trouxe uma nova perspectiva para as empresas e seus dirigentes.

Considerada precursora deste movimento, Mary Parker Follet idealizou inúmeras formulações acerca da resolução de conflitos e dos aspectos de negociação nos relacionamentos, do que comumente ficou conhecido em seus escritos de resposta circular. Além disso, conseguiu, de fato, demonstrar um novo significado para a palavra função advinda da matemática.

Não menos importante e, neste caso, personagem de destaque em toda a trama, George Elton Mayo, com seus experimentos em organizações, vivenciou e, de forma consubstanciada, demonstrou que muitas, senão todas as premissas da administração científica, eram inválidas para caracterizar o que se esperava da natureza e do comportamento humano.

A grande mudança no pensamento desta Escola foi o acréscimo da visão e o reconhecimento da existência de grupos informais e suas inter-relações em uma organização bem como a substituição de incentivos monetários por outros de características eminentemente psicossociais.

Dentre as diversas idéias e características deste movimento, o ser humano passou a ser visto como possuidor de um comportamento que não pode, jamais, ser simplificado e reduzido a esquemas altamente mecanizados, como o *homo economicus* pressupunha. Este novo ser humano é influenciado por diversas outras variáveis de cunho social e necessidades específicas. É o surgimento do *homo social.*

O reconhecimento da existência de grupos informais nas organizações poderia ser considerado um avanço para a época, pois, desta forma, passou-se a vislumbrar um novo patamar de complexidade organizacional, levando-se em conta as diversas, efetivas e necessárias relações humanas dentro das empresas.

Segundo Fernando Prestes Motta (1998), os grupos informais emergem de dentro de uma organização quando as interações informais entre um determinado número de indivíduos começam a intensificar-se e a tomar corpo. Até esta época, o distanciamento entre os dirigentes e os "operários" era a lei. Era inconcebível um "gerente" buscar aproximação com os seus empregados. Daí a relevância desta nova perspectiva acerca do homem – é um novo cenário que se abre.

Atuando no cerne da relação entre produtividade e moral, a Escola de Relações Humanas depositou na motivação a grande perspectiva para levar o empregado a desenvolver as suas tarefas em conformidade com os objetivos da empresa.

O ponto fundamental desta percepção era o envolvimento dos empregados, que deveriam conhecer com exatidão os propósitos envolvidos no que estavam realizando, isto é, executariam tarefas que efetivamente participaram da decisão desde o início.

Se assim não fosse, não existiria terreno fértil para o surgimento da motivação, do comprometimento e, acima de tudo, da satisfação com o que realizava.

A partir deste aspecto, a Escola de Relações Humanas tornou claro o novo entendimento acerca deste *homo social*, possuidor de necessidades e voltado para o engrandecimento da sua motivação; sem sombra de dúvida, uma mudança soberba de paradigma para a época.

Como corolário do movimento desta Escola, podemos dizer que, efetivamente, o trabalho passou a ser visto como uma atividade de fato grupal: as necessidades sociais (reconhecimento, segurança, dentre outras) dos trabalhadores são mais importantes do que as instalações e o ambiente físico onde o trabalho é desenvolvido; existência e reconhecimento da importância de grupos informais dentro das fábricas e, sobretudo, o surgimento de um ambiente fabril propício para a colaboração entre os trabalhadores e o incremento das suas inter-relações no trabalho.

Diversas críticas foram feitas a este movimento da administração, muitas afirmando que a questão do conflito nada mais seria do que tapar o sol com a peneira, uma vez que negar a existência de conflitos formais não implicaria assegurar que eles não mais existissem. Além disso, no final das contas, as indústrias precisavam dar lucros e este movimento primava por trazer à tona uma gama de variáveis que, na visão dos empresários da época, em nada acrescentavam aos seus resultados. Parece atual este entendimento?

Foi nesta época que surgiu uma derivação do movimento da Escola de Relações Humanas, os chamados behavioristas que, embora gozassem das mesmas prerrogativas, possuíam uma visão mais pragmática do papel do administrador de empresas. De certa forma, conseguiram tangibilizar de maneira mais realista, desde os aspectos inerentes ao comportamento administrativo, passando pelo próprio indivíduo, por grupos formais ou informais, até a abrangência dos processos empresariais.

Este movimento rejeita completamente a idéia do *homo economicus* da Escola Clássica bem como não coaduna à visão simplista da Escola de Relações Humanas, que apenas introduz a existência de sentimentos e motivações no ser humano, sem, contudo, predestinar um caminho a ser seguido. É como observar uma árvore sem perceber a floresta que está em volta.

Para os behavioristas, a administração é um processo de criação de oportunidades de crescimento, entendendo que os homens são racionais em relação a um conjunto de informações que norteiam determinadas situações.

A representação de uma situação como ela é, nua e crua e sem ilusões, começa a partir do conhecimento das possíveis alternativas de ação, desconsiderando as regras e princípios envolvidos, ou seja, eliminando-se as obrigações e também os julgamentos. A partir deste conjunto de dados e alternativas de ação, o homem adapta o seu comportamento – esta é uma mudança considerável na percepção que se tem acerca do *homo social*.

Com esta linha de raciocínio, os behavioristas começaram a introduzir uma dada importância nos processos de tomada de decisão, entendendo como sendo algo essencial na administração.

De fato, pouca ou nenhuma relevância havia sido dada até então para este aspecto. Da mesma forma que as organizações definem estruturas e funções, estes pensadores entendiam que deveria existir uma definição clara do processo decisório e, como tal, da distribuição de autoridade (poder) pelas empresas.

Como agente participante dos processos decisórios, os behavioristas deram especial atenção ao desenvolvimento de normas e ordens dentro das organizações, isto é, a forma pela qual as pessoas aceitam determinadas decisões impostas, normalmente, pela autoridade (poder). Abordaram e analisaram circunstâncias segundo as quais as pessoas reconhecem e, portanto, aceitam, decisões. Identificaram a existência de autoridades por confiança, por identificação, por sanções e por legitimação.

Os expoentes deste movimento foram Herbert Simon e Chester Barnard, os grandes teóricos desta fase e que em muito estimularam o entendimento dos processos decisórios e o comportamento administrativo. Todavia, merece destaque especial o professor americano, Douglas McGregor, pela sua contribuição no tratamento dos aspectos da motivação e dos conflitos entre indivíduos e organizações.

Foi de McGregor a concepção do que até hoje é considerado referência nos estudos acerca das teorias da motivação, conhecidas como Teoria X e Teoria Y.

A Teoria X se caracteriza pela ênfase nos controles, nos procedimentos e nas técnicas visando a direcionar as pessoas no que elas devem fazer e em controlar o que estão fazendo. Recompensas e punições podem ocorrer como conseqüência dos resultados alcançados.

Uma das bases teóricas é a pressuposição de que as pessoas têm de ser obrigadas a fazer o que lhes é determinado em prol do sucesso da empresa. Desta forma, o que o empregado pensa a respeito não faz a menor diferença. É um ambiente de coerção e controle.

Por trás da Teoria X, encontram-se pressuposições acerca do comportamento humano. Alguns desses preceitos baseiam-se na constatação de que o homem, em geral, evita o trabalho sempre que possível e possui ojeriza ao mesmo.

Ademais, grande parte das pessoas precisa de algum tipo de ameaça, coação e controle para que efetivamente empreenda esforços no sentido dos objetivos almejados pela empresa.

Nas observações de McGregor (1980), constatou-se que o homem prefere ser dirigido, que quer garantias acima de tudo e evita, sempre que possível, assumir responsabilidades.

Considerando estes conceitos acerca do comportamento do homem de forma geral é que muitas ações foram desenvolvidas nas empresas, isto é, olhavam para os empregados com esses olhos, interpretando que assim eles funcionavam e, portanto, este era o caminho a ser seguido.

Esta teoria representava, e ainda representa, uma gama de ações gerenciais que ocorriam e, ainda ocorrem, em diversos setores da indústria nos dias de hoje. Não é algo para ser imediatamente rejeitado, e sim entendido como uma caracterização factível de ações gerenciais baseadas nessas premissas.

Do outro lado da moeda conceitual de McGregor, vem a Teoria Y, muito mais preocupada com a natureza das relações e com a criação de um ambiente de trabalho que estimule o compromisso com a empresa e com os objetivos pessoais e profissionais de cada empregado.

A visão deixava de ser no como, na engrenagem, e passava para os resultados, para os fins, privilegiando neste ínterim conceitos de autogestão e iniciativa. Segundo esta ótica, os empregados seriam os verdadeiros responsáveis pelas suas conquistas e pelos seus destinos.

A Teoria Y foi concebida a partir da integração entre os objetivos dos indivíduos com os objetivos organizacionais, tendência natural das teorias administrativas mais atuais, do período mais conhecido como pós-fordismo.

Importante ressaltar que, apesar da evolução da sociedade e de parecer, em um primeiro vôo por esta teoria, que a mesma está em completa sintonia com os novos reclames do mundo empresarial, ainda hoje observa-se, claramente, grande aplicação da Teoria X na forma de administrar.

Muitas empresas ainda olham para os seus empregados com desconfiança, acreditam que mais cedo ou mais tarde serão "traídos" por eles. É uma relação em que todos perdem. Os empregados não ficam confortáveis com este clima organizacional e a empresa vive sob a tensão de perdê-los e/ou sob pressão por controlá-los.

O que se começou a perceber é que o ser humano é realmente capaz de assumir responsabilidades, de aprender novas habilidades e desenvolver atitudes propícias ao trabalho, desde que sejam estimulados para isso. As empresas de hoje concentram-se muito mais neste tipo de estímulo do que no cabresto associado à Teoria X.

Essas pressuposições, nitidamente diferentes da Teoria X, demonstram maior dinamismo e sinalizam para a possibilidade de crescimento e desenvolvimento do homem ao longo do tempo. Não estão estruturadas pela exacerbada preocupação com controles, e sim pela busca da integração entre objetivos individuais e organizacionais, demonstrando uma nova forma de administrar.

Por tudo isso, é inegável a contribuição de Douglas McGregor ao movimento behaviorista. Alinhados com esta perspectiva de integração e obtenção da cooperação das pessoas, desenvolvendo assim o lado humano das empresas, os behavioristas observavam as organizações como um sistema cooperativo racional onde a verdadeira cooperação das pessoas dependeria da existência de sintonia entre os objetivos organizacionais com os seus interesses e objetivos pessoais.

Partindo destas novas premissas e visão acerca do comportamento humano, outras formas de gestão da produção e do trabalho foram desenvolvidas, o que podemos interpretar, atualmente, como tendo sido vivificadas pelo que chamamos de período pós-fordista.

Nos anos 60, a sociedade demonstrava evolução. A crescente diversificação dos negócios desde meados dos anos 50 foi um dos fatores que mais contribuiu para acender os questionamentos relativos ao mundo do mercado de massa. A era da produção padronizada e da pouca oferta de bens e serviços parecia ter sido superada.

Durante este período, a sociedade mostrava-se ávida por novos produtos e serviços, as opiniões individuais começaram a ser mais valorizadas. As exigências dos "consumidores" eram vistas como oportunidades de negócios. Desta forma, as empresas começaram a desaguar no mercado tipos, cores, tamanhos e serviços diferentes.

A estrutura política, social e cultural modificou-se e, com isso, as empresas precisavam acompanhar este novo momento.

As organizações viram-se obrigadas a refletir sobre o que mudar e quais os riscos envolvidos. Por mais dolorosas que pudessem ser as respostas, não havia dúvida de que era a única direção a seguir. A sociedade mudou bem como as suas aspirações acerca do que desejavam e do que almejavam possuir; enfim, começaram a se perguntar o que queriam e não simplesmente aceitar o que lhes era oferecido. Era um novo cenário e exigia novas empresas e mentalidade empresarial.

Para que uma grande empresa mude de forma significativa é essencial a existência simultânea de alguns fatores: pessoas insatisfeitas com a ordem atual, plano ou visão coerente de futuro e fatores externos, entre eles a concorrência avassaladora.

Conforme o tempo passa, estas questões apresentam-se com maior ou menor intensidade. No entanto, se existe uma verdade, é que estes fatores sempre estão presentes para que uma empresa ouse novas ações e mudanças.

As mudanças aqui mencionadas estavam relacionadas fundamentalmente às transformações da sociedade de maneira geral; as exigências, os desejos e os anseios mostravam-se extremamente diferenciados em relação às outras épocas.

O homem é muito mais complexo do que simples esquemas de trabalhos. Têm valores e sentimentos que podem contribuir ou prejudicar o alcance dos resultados. Acima de tudo, era preciso tirar o foco do trabalho em si, para focar no desenvolvimento do homem.

Chegamos ao final do século e, com ele, surgem diversas técnicas e teorias administrativas. Estas foram impulsionadas pelas aspirações e pelas exigências da nova sociedade emergente, no que se caracterizou como o período pós-fordismo, acarretando uma natural flexibilização das relações sociais e trabalhistas.

Com a mudança social como um todo, as organizações e as economias começaram a acompanhar esta transformação de cenário e de perspectivas tanto no nível individual como nas empresas e nos países. O mundo tornava-se cada vez mais diferenciado e complexo, exigindo novas soluções.

O pós-fordismo caracteriza-se como um modelo mais flexível de gestão. No fordismo, as empresas buscavam equipamentos especializados para produzirem produtos iguais para uma massa. No pós-fordismo, surgem equipamentos menores e mais flexíveis para atender demandas imprevisíveis e diferenciadas.

Este é o momento que vivemos. Qual a razão de continuarmos lutando com as mesmas armas de ontem (pedra e flecha) numa guerra digital? Precisamos evoluir também, acompanhar os novos ditames da sociedade e dos mercados.

Entender as transformações que a sociedade e, por conseguinte, as organizações passaram e ainda estão passando é de fundamental relevância para não perdemos o referencial de onde viemos, de onde estamos e para onde caminhamos.

O destino é incerto, todavia, sob a perspectiva da evolução da gestão dos fatores de produção nas empresas ao longo do tempo, saberemos enxergar e nos posicionar nos momentos de incerteza e ilusão.

Não existe certo ou errado, lançar mão do uso de fórmulas mágicas, mas, sim, definições e decisões sustentadas por forte embasamento teórico e que objetivam acompanhar, influenciar e, ao mesmo tempo, estar suscetível aos movimentos e às aspirações da sociedade de maneira geral.

É o retorno do velho e eficaz – mas às vezes custoso – método do início do século, o da tentativa e o do erro, isto é, do se permitir experimentar a melhor solução para cada caso. Analisar depois, experimentar primeiro, sem julgamento, sem resistências. Estar aberto para o novo e para o aqui-e-agora de cada situação. Viver o momento e usá-lo da maneira que mais nos auxiliar. Quando fugimos do momento presente, sofremos com as preocupações e do que poderia ter sido. É assim com as pessoas que buscam crescimento de consciência, pode ser assim também para o mundo empresarial.

As organizações precisam acompanhar as tendências do mundo que vivemos, precisam ficar atentas às diversas mutações da sociedade, sob pena de ficarem no meio do caminho entre o passado glorioso e o futuro incerto.

A RIGIDEZ DA CENTRALIZAÇÃO

Quando abordamos o tema centralização e descentralização de poder nas organizações, invariavelmente transitamos por esferas acerca da natureza dos comportamentos dos seres humanos enquanto empregados em instituições empresariais.

O princípio da centralização das decisões é a consolidação do poder nas mãos de poucas pessoas, sendo estas responsáveis pelas definições e pelas opções estratégico-gerenciais.

Embora, em muitos casos, este caminho mostre-se extremamente apropriado, pelo menos no plano teórico, pois contemplam aspectos considerados essenciais para algumas situações econômicas (ganhos de escala, melhor poder de negociação com terceiros, dentre outros), em diversas situações, acarretam a necessidade de controles rígidos e a criação de estruturas organizacionais paralelas capazes de garantir a aderência da organização às normas estabelecidas pela cúpula. Assim é retirado o foco de atuação na atividade-fim da empresa, direcionando esforços para a obtenção da excelência operacional interna que, na maioria dos casos, afasta as empresas das reais necessidades impostas pelo mercado (clientes) e pela concorrência.

Este posicionamento centralizado pode implicar conseqüências intangíveis que, acrescentadas, podem levar à derrocada das organizações. É o caminho mais fácil para a falência: continuar aumentando *market-share* em um mercado que mudou, que ficou obsoleto. O que adianta ter 80% do mercado de teclas para máquina de escrever? É a miopia ferrenha na análise do que está acontecendo com as necessidades e aspirações dos clientes.

Pelas características descritas e observadas por muitos pensadores sobre as idéias e concepções de Taylor e, por conseguinte, do fordismo, não seria nenhum absurdo relacionarmos esta conceituação aos preceitos da centralização de poder nas organizações. Nesse contexto, a busca por controles e procedimentos, produtividade exacerbada, aferição de tempos e movimentos, dentre outras características, não nos deixa dúvida a respeito das conseqüentes medidas gerenciais impetradas pelas direções.

A Teoria X de Douglas McGregor assemelha-se, sobremaneira, ao modo de gestão característico da centralização e do fordismo, uma vez que está montado sobre bases muito sólidas e cristalizadas em relação ao que é esperado do comportamento humano e, como tais, influenciam o que os gerentes deveriam praticar em suas empresas.

Quanto mais centralizado for um ambiente organizacional, maior será a tendência de encontrarmos mecanismos gerenciais voltados para a mensuração dos procedimentos e da aderência dos resultados encontrados ao padrão previamente estabelecido.

A organização volta-se, assim, para o desenvolvimento de controles internos e técnicas de apuração de resultados, distanciando-se dos seus objetivos principais, isto é, das suas atividades-fim.

Uma vez distantes do foco da atividade-fim, ou do que realmente produz valor e receitas para os negócios, as organizações, automaticamente, promovem o espírito da cobrança exacerbada, da mensuração das atividades, da eficiência interna em detrimento da acolhida de novas formas de ampliação de suas atuações e negócios.

As organizações voltam-se para o seu próprio umbigo, para as suas próprias engrenagens encalacradas e, invariavelmente, perdem-se no meio disso tudo, investem pesadamente em pessoas e máquinas visando a otimizar processos banais e sem verdadeira contribuição para o sucesso nos negócios. Enquanto isso, o aqui-e-agora do mercado continua evoluindo ao sabor das ondas empresariais e das tendências tecnológicas que não poupam ninguém.

Muitas vezes, ficamos repetindo decisões. Acostumamo-nos a fazer de uma determinada forma e simplesmente agimos assim automaticamente para toda e qualquer situação semelhante que se apresente. Quantas vezes em nossas vidas e em nossas empresas deveríamos parar, refletir e optar pelo melhor caminho em vez de seguirmos com o piloto automático?

Quantas vezes nos flagramos seguindo a mesma norma operacional que foi desenvolvida e que em várias situações já não faz mais sentido segui-la já que os tempos mudaram?

O mercado de produtos e serviços transforma-se de modo evolutivo. Uma vez tendo distorcido o foco em relação ao que realmente vale a pena para as suas organizações, muitos executivos acreditam que a resposta para o êxito empresarial prende-se na eficiência operacional (fatores endógenos à organização) e não na busca da excelência no atendimento aos anseios de seus clientes e *prospects* (fatores exógenos à organização). Obviamente, as duas vertentes são fundamentais e no seu equilíbrio esconde-se a resposta que buscamos para o sucesso nos negócios.

O fordismo acentuou em prosa e verso a perseguição à eficiência operacional, isto é, melhores tempos, melhor produtividade, redução de custos mediante padronização técnica, produção de pouca variedade em muita quantidade, treinamento quase mecânico para os funcionários que se assemelhava a um verdadeiro adestramento, entre outras características marcantes da forma de administração da produção reinante no período do fordismo.

A sociedade daquela época, assim como a atual, era ávida por produtos e serviços, todavia, com uma grande diferença dos dias de hoje: o desconhecimento acerca das perspectivas de evolução tecnológica que, em muitos aspectos, tornou o cenário organizacional atual muito mais complexo de se gerir e de se estimar.

Com a evolução da própria sociedade, a diversificação passou a ser a palavra de ordem. Como compatibilizar padronização com diversificação de produtos e serviços? Como coadunar esses interesses, hoje notoriamente divergentes? E mais, faz sentido ir contra essa corrente que nos parece irreversível? Será esse o caminho que inúmeras empresas estão buscando agora?

Será essa a opção estratégica que melhor se apresenta para o momento empresarial que estamos passando? Diariamente, deparamo-nos com notícias da busca pela diferenciação em produtos e serviços, pelo atendimento personalizado, mesmo em mercados de consumo de massa.

Como atingir uma diferenciação, quando a prioridade é a padronização de procedimentos, é a medição da eficiência, é o paradigma da quantidade e não da qualidade, isto é, quanto mais se produz, melhor, independente da qualidade que está sendo produzida.

Desejamos expandir os negócios e as operações e não queremos abrir mão do controle, queremos estar sempre à frente ou, supostamente, à frente do que está acontecendo, assim é o ser humano, e o executivo mais ainda.

Neste sentido, padronizar, centralizar, hierarquizar, dominar, mandar, demandar, exigir, dentre outras medidas empresariais, caracterizam cursos de ação que inúmeros executivos vêm praticando em suas organizações sob o título de "tudo em nome do sucesso da empresa".

Quando entendemos os preceitos filosóficos que atuaram no período fordista e refletimos sobre as atitudes e as mentalidades reinantes em operações empresariais caracterizadas como centralizadas, invariavelmente seremos empurrados para concluir que uma coisa não existe sem a outra.

Não existiria centralização de decisões, caso não existisse uma cultura fordista e seus valores. Não existiria uma perpetuação de operações fordistas caso não existisse a centralização do poder e das decisões. Uma característica leva à outra e as duas, juntas, mudaram a visão e a gestão de um infindável número de empresas, inclusive nos dias de hoje.

A contribuição do fordismo e da centralização de decisões é inquestionável e, mesmo nos dias que correm, mostram-se efetivas para diversas operações empresariais – é uma questão do que a empresa produz, quais são suas crenças acerca do comportamento humano, isto é, no que a gerência acredita ser fundamental e relevante para o êxito de seus empregados e de seus resultados, qual o setor de negócio em que ela atua e qual a melhor estrutura organizacional para atender a produção que se almeja.

Tonar-se míope e obtuso para as mutações do mercado em favor da excelência operacional é o erro possível e quase sedutor que se apresenta para as empresas que são regidas por esta filosofia empresarial. Portanto, não se trata de adequação ou de inadequação do fordismo aos dias de hoje e, sim, da visão dos seus executivos em perceberem quando estão tornando-se reféns de seus controles e o que desejam realizar com isso.

A LIBERDADE DA DESCENTRALIZAÇÃO

Voltando a Douglas McGregor, quando entendemos a dicotomia para a época de sua Teoria Y em relação à Teoria X, percebemos, com profunda nitidez, como existem dois mundos bem distintos no cenário empresarial.

A Teoria Y para a época de ouro do fordismo era algo que poderia ser considerado absurdo, toda a sociedade e os seus paradigmas estavam voltados para a padronização e para a produção em massa. Em tese, a concepção defendia em seus preceitos que todos queriam consumir as mesmas coisas, os gostos eram praticamente os mesmos, enfim, não faria diferença, a produção não acompanhava os desejos pessoais, e sim as possibilidades técnicas e a capacidade de produção.

A descentralização valoriza acentuadamente a delegação de poder e autonomia para os diversos níveis hierárquicos, pulverizando e permitindo agilidade nas decisões, conforme os parâmetros corporativos estipulados. Por este modelo, geralmente, os diversos setores e unidades de negócios de uma organização ampliam sua independência, e são cobrados por metas e resultados financeiros.

Os mecanismos e procedimentos que os administradores e executivos empregarão para atingir os objetivos definidos não são motivo de controle e exigência; estes utilizarão os seus melhores esforços, recursos, experiência profissional e competência pessoal para concretizá-los.

Notadamente, as empresas que atuam de maneira descentralizada defendem o foco no negócio, prestigiando os seus valores humanos. Por outro lado, porém, perdem em competitividade por preços, ofertas de produtos e logística, entre vários outros fatores determinantes para a sua sobrevivência.

Neste sentido, conceber que a produção pudesse variar em consonância com os novos anseios da sociedade era algo inimaginável até então. A produção não obedecia tampouco se preocupava em conhecer os verdadeiros desejos da sociedade, simplesmente, produzia-se.

Era um paradigma a ser ponderado e esquecido. As características do comportamento humano eram diferentes, uma vez que a sua natureza era diferente. Proceder considerando que diferenças existem em relação aos gostos e desejos seria uma notícia arrebatadora e surpreendente para os moldes da época. Não obstante, trouxe à baila o entendimento acerca das diferenças de costumes e de preferências pessoais.

A sociedade começou a esboçar os seus desejos e a transferir a responsabilidade pelo atendimento dos mesmos às organizações e não o contrário, como vinha acontecendo no período fordista, em que tudo era produzido pelas empresas e não restavam opções para os consumidores escolherem alguma coisa diferente. Descortinava-se desta forma um novo horizonte para as empresas – um mar nunca antes navegado e repleto de incertezas, perigos e novas expectativas.

Segundo a Teoria Y, a integração dos objetivos individuais e organizacionais é o ponto de mutação indispensável, é a quebra da visão umbilical e voltada unicamente para as necessidades das empresas.

A partir deste entendimento, todas as premissas sobre a natureza e o comportamento humano começavam a cair por terra, tornaram-se parte do passado fordista em que o empregado era nada mais do que um simples meio para atingir um fim da organização. Sua importância era atrelada ao resultado da empresa e, jamais, à sua verdadeira contribuição pessoal.

Quando penetramos no mundo da gestão descentralizada esbarramos na questão do ambiente de trabalho, da cooperação, do entendimento dos anseios individuais, da visão integrada de objetivos (organizacionais e individuais), da confiança no trabalho das pessoas, da ótica do resultado e não no processo utilizado para se chegar a ele.

Os empregados começaram a ser vistos como recursos indispensáveis; diversos investimentos em treinamento surgiram, hoje, coroados com a visão das universidades corporativas, podendo considerar-se como um grande salto pós-fordista em prol da construção do futuro das organizações.

O antigo departamento pessoal alcançou, em muitas empresas, o *status* de diretoria e ganhou importância estratégica. A opinião de cada um dos empregados passou a ter outra relevância, as suas contribuições passaram a ser verdadeiramente ouvidas e, até certo ponto, estimuladas.

A gestão participativa surgiu nos corredores das grandes organizações trazendo tintas de novidade, de uma nova onda que se apresentava. Em verdade, tratava-se de ouvir os empregados e os clientes. Compreendendo as suas agonias e os seus desejos, a organização obteria informações preciosas em prol da perspectiva de seu futuro.

A questão que se propõe é: até que ponto os dirigentes realmente tinham interesse neste tipo de ação executiva, entendendo a sua importância? Ou, no fundo, era mais uma forma de iludir e implantarem o que bem desejavam?

Neste cenário pós-fordista, coadunando com as percepções de McGregor e sua Teoria Y, é de se ponderar e refletir em função da proximidade do pós-fordismo com a descentralização de poder nas organizações.

Onde uma cultura pós-fordista teria terreno próspero para o seu desenvolvimento? Em uma gestão descentralizada ou centralizada? Como alinhar personalização de atendimento e produtos com uma visão fordista? Seria sensato pensarmos em autonomia de poder nas decisões sem que a organização estivesse alinhada com esses propósitos? De que adiantaria ouvir os anseios individuais de seus empregados se a organização não valorizasse este tipo de ação em vista do seu sucesso?

O universo corporativo precisa conspirar a favor de certas culturas e hábitos gerenciais, sob pena de ver florescer forte lacuna entre o discurso dos executivos e o que realmente ocorre no dia-a-dia das empresas.

Tanto a filosofia fordista quanto a pós-fordista não se espalhariam pelo cenário empresarial caso os principais dirigentes não acompanhassem e apoiassem, fortemente, a implantação dos valores que estas filosofias preconizam.

Parece-nos claro que a descentralização de poder está intimamente interligada ao pós-fordismo, uma não se desenvolve sem a outra, isto é, sem descentralização não haveria desenvolvimento do pós-fordismo; sem o pós-fordismo, a descentralização talvez nunca surgisse.

Outrossim, a centralização está para o fordismo assim como a descentralização está para o pós-fordismo. São correntes distintas e igualmente relevantes para os tempos que representaram e ainda representam. Suas contribuições para a organização da produção e, por conseguinte, para as empresas são incontestáveis.

Capítulo 2

Administração de Poder: Quem é o Chefe?

GLOBALIZAÇÃO NAS EMPRESAS: A DESCULPA QUE FALTAVA

Esta simples e abrangente palavra acabou por ser utilizada para qualquer fim. É como se fosse a desculpa universal de todos os nossos problemas, livrando-nos de buscar as verdadeiras raízes e respostas. Diversas interpretações podem ser extraídas conforme o contexto e os desafios que se apresentam.

No setor industrial, por exemplo, a globalização soa como o único caminho a ser perseguido com ganhos de escala e atuação global, sem os quais as empresas estarão confinadas ao apodrecimento ou, então, ao fim não mais nobre de serem adquiridas por alguma outra grande empresa, de preferência, do mundo digital.

De fato, a globalização pressiona e empurra as empresas em direção ao crescimento econômico. Não se sabe ao certo qual o caminho a ser percorrido, mas se tem a certeza de que algo precisa ser feito. A convergência das diversas tecnologias atuais como pano de fundo desta discussão remonta ao cenário desafiador e futurista que nos aproximamos, queiramos ou não.

Não é de hoje que este fenômeno econômico deixou de ser uma tendência ou uma mera opção de negócio, tornou-se uma realidade irrefutável e inescapável. Veio para ficar e já está completamente engendrada e fluindo com fulgor nas artérias empresariais dos nossos executivos e gestores.

Não há dúvida de que é imensa a contribuição deste clima que nos cerca em prol das mudanças empresariais a que assistimos todos os dias confortavelmente em nossas casas e escritórios. As mensagens que são recebidas e interpretadas conforme a nossa realidade originarão um balaio de idéias e decisões, tudo muito bem justificado pela mundialização.

Atualmente, as empresas que não buscarem conquistar o globo, que não pensarem em ganhos de escala, em redução de preços, em valor agregado, na utilização efetiva da telemática em seus negócios e, sobretudo, na diferenciação de sua proposta de negócio, não imaginarão uma boa expectativa de prolongamento das suas operações.

Não se trata mais de atuação local/regional. Se as atividades puderem ser desenvolvidas em outro país/região com economia de custos, ampliação da qualidade de produção ou algum ganho tangível, é lá que as empresas devem estar e se posicionar estrategicamente.

Trata-se de um processo de ampliação e divulgação de idéias e posturas, em que diferenças culturais perdem o sentido. A globalização vai além de uma simples troca comercial entre países, perpassa por pesquisa e desenvolvimento tecnológico buscando novas formas de interação e de trabalho conjunto. Definitivamente, as fronteiras nacionais deixam de existir.

As organizações, influenciadas e, de certo modo, engolidas, por estas mudanças de proporções incontroláveis, iniciam processos reflexivos em toda a sua estrutura. O objetivo é conquistar novos mercados, ampliar seus controles e suas informações acerca de suas operações.

Quanto mais uma empresa conseguir expandir seus tentáculos, maior será a sua influência e o seu poder de barganha, impedindo, em muitos casos, a entrada de outras organizações no seu mercado.

Os valores mudam significativamente em relação ao período fordista, isto é, as empresas passam a se preocupar, exacerbadamente, com a volatilidade e a diversidade dos seus mercados de atuação. Tornam-se reféns dessas mudanças.

De fato, é um período da história empresarial que desperta, no mínimo, curiosidade. Do ponto de vista econômico, a globalização faz ressurgir a conceituação da simples e velha produção em massa, em que as organizações buscavam freneticamente ampliar padronização, procedimentos e controles sobre a produção. Poucos e diversificados produtos eram gerados para demandas previamente conhecidas ou completamente inexistentes.

O que nos conduz para este pensamento é a necessidade de as organizações ganharem escala e, como tais, precisarem ampliar controles e mecanismos específicos de acompanhamento e mensuração dos processos administrativos. Nitidamente, uma característica das empresas no período fordista.

Por outro lado, a busca pela diversificação dos negócios e a oferta de produtos e serviços inovadores nos remete diretamente às características do período pós-fordista, em que a sociedade é ansiosa por novidades e pelo desenvolvimento baseado nas diferenças e necessidades individuais. É a chamada produção de massa customizada.

As empresas deveriam estar se perguntando sobre a constituição de estruturas organizacionais condizentes com a realidade em que vivemos, isto é, adaptáveis e flexíveis para um mundo pós-fordista. Deveriam buscar formas diferentes de realizar negócios com os seus clientes e não com os seus outrora simples consumidores.

Deveriam encontrar novos mecanismos para ampliar a sua participação em cada cliente; desta forma, agregariam cada vez mais valor ao mesmo, expandiriam as suas atividades, aumentariam a lealdade e trabalhariam com maior "tranqüilidade" no planejamento e na execução de atividades e no sentido de maximizar a satisfação de seus clientes.

Começariam a confirmar um outro conceito estratégico, de que ninguém pode fazer bem várias atividades para todo mundo, pois, com o tempo, acaba perdendo o foco. Do ponto de vista estratégico, ninguém quer ser igual ao animal pato, isto é, nadar ele nada, cantar ele canta, voar ele voa; todavia, não faz nenhuma das três coisas bem!

A competição no mercado varejista é influenciada pelo poder de negociação dos fornecedores, pelas ameaças de novos formatos de negócios e, principalmente, pelas barreiras de entrada neste segmento.

As principais variáveis que ganham força neste novo cenário de competição acirrada, da máxima do "pensar globalmente, agir localmente", procurar não somente ser o melhor, mas também ser o maior, podem ser assim ilustradas na visão de Michael Porter (1980).

Fatores de Mercado	Fatores Competitivos	Fatores Ambientais	Análise de Pontos Fortes e Pontos Fracos
• Tamanho • Crescimento • Sazonalidade • Ciclos de negócios	• Barreiras para entrada • Poder de barganha dos fornecedores • Rivalidade competitiva • Ameaça de novos formatos superiores	• Tecnologia • Economia • Legislação • Sociais	• Capacidades Gerenciais • Recursos Financeiros • Localizações • Operações • Mercadorias • Gerenciamento de lojas • Fidelidade do cliente

Com estes referenciais em mente, as organizações idealizam estratégias e posicionamentos que contemplem a sua sobrevivência e o seu crescimento. Sem sombra de dúvida, a globalização contribui decisivamente para a volta da necessidade do gigantismo empresarial, sugerindo o renascimento de posturas e atitudes que estão muito mais ligadas aos tempos passados do que a flexibilização que sentimos em diversos setores econômicos.

De fato, a globalização nos influencia a imaginar que características do período fordista voltam a fazer sentido e, ao mesmo tempo, aqui está a magia e o desafio do que representa esta palavra: prova-nos que diferenciar e galgar novos patamares de agilidade organizacional e de negócios é o dever de toda empresa que almeja sobreviver neste novo mundo.

Resta-nos observar se construir uma grande organização, com ganhos de escala, poder de barganha perante fornecedores, entre outras características, e, ao mesmo tempo, ter agilidade e flexibilidade suficientes para entender os anseios e desejos de seus clientes é algo factível ou um verdadeiro devaneio dos executivos. Fato é, que este fenômeno, sobretudo econômico, está entre nós e não pode ser desconsiderado tampouco esquecido pelas organizações.

CENTRALIZAÇÃO DE PODER NAS ORGANIZAÇÕES

Quando entendemos o que está por trás da centralização de poder nas organizações, podemos com naturalidade averiguar os impactos causados por este tipo de ação gerencial em diversos fatores de produção das empresas.

A centralização prega a concentração de poder nas mãos de poucas pessoas ("Quem é o chefe?" – já ouviu esta pergunta alguma vez?) e o conseqüente desenvolvimento de processos altamente hierarquizados, isto é, com níveis restritos de autonomia gerencial e, em geral, absolutamente encapsulados. Numa visão holística, é similar à construção de um labirinto. Existem poucos e, muitas vezes, somente um caminho leva à solução. Todas as etapas necessárias para a conclusão de um projeto são, minuciosamente, planejadas, simuladas e previstas, pelo menos na teoria.

A liberdade de ação é restrita e é algo não desejado ou não incentivado. O que é estimulado é a criação de políticas reguladoras das atividades e dos mecanismos de controle que se constituem em objetivos primários dessas organizações predominantemente caracterizadas como possuidoras de gestões centralizadas.

Apoiar ou se importar com a humanização da empresa é tido como sinal de fraqueza e de perda de tempo. Todos os preceitos do fordismo e a ênfase no mecanicismo e na previsibilidade sobre o comportamento humano são os fatores considerados relevantes.

Neste sentido, as organizações muito centralizadoras acabam constituindo diversos níveis hierárquicos, provocando um verdadeiro tormento na comunicação interna, na resolução de problemas interdepartamentais, distanciamento em relação aos clientes, disputas internas por poder e, acima de tudo, pecam pela obsessão por controles. Existem indicadores de diversos tipos que, muitas vezes, nada indicam, além de provocarem, inconscientemente, a formação de um clima organizacional voltado para o individualismo e para o fomento de ações estanques e desconectadas das estratégias globais da empresa. Tudo isso, na maioria das vezes, culmina com a perda indesejada de esforços em atividades que nada somam às metas traçadas.

Muitas empresas acabam transformando-se em verdadeiros celeiros do isolacionismo funcional, onde a comunicação não é fator de relevância. O que se observa é que a visão corrente é de que quanto menos os empregados trocarem informações, melhor para a empresa. Quanto mais as opiniões forem divididas e dicotômicas, melhor, uma vez que, dificilmente, culminarão em ações conjuntas, possuidoras de maior poder de negociação frente à direção. Ou seja, o poder de barganha dos funcionários é bem menor quando separados do que quando unidos.

As organizações centralizadoras defendem velhas bandeiras esfarrapadas acerca da visão do homem de primeira classe de Taylor e buscam, incessantemente, desenvolver e impregnar nos outros empregados essa visão caolha espelhada num super-homem imaginário, sobre a natureza comportamental do ser humano.

Almejam, intuitivamente, estimular a montagem de equipes técnicas possuidoras das mesmas habilidades e invocam poucos supervisores, de modo a poder garantir a excelência no desenvolvimento de suas atividades. Este tipo de ação gerencial ainda é o que encontramos em muitos negócios e organizações, por mais inadequados que possamos considerá-los nos dias de hoje.

O gerenciamento das atividades torna-se mais simples, padronizado, independe do local de atuação da organização, políticas e procedimentos são definidos e a preocupação gira em torno de garantir que as mesmas estejam sendo implantadas corretamente. Sem dúvida, é uma gestão mais facilitada em muitos aspectos gerenciais e estratégicos; todavia, nem sempre acompanha as especificidades que os mercados e os empregados de hoje pedem. Esta ponderação precisa existir, isto é, o que compensa mais: facilidade de gestão e implantação ou abrir mão um pouco dessa rigidez e buscar alguma adequação aos anseios do mercado? O que é mais relevante para as perspectivas da empresa?

Essas e muitas outras características dos impactos da centralização nas organizações acabam por desencadear outras questões relevantes para o cenário empresarial, como os impactos no gerenciamento dos recursos humanos, as conseqüências no ambiente de trabalho, o cerne da questão da produtividade, isto é, a motivação para o trabalho, as perspectivas de crescimento na carreira frente às barreiras políticas e hierárquicas e a retenção de empregados capacitados e conhecedores das operações da organização.

Desenvolve-se uma visão míope acerca dos movimentos estratégicos da empresa que acabam sempre ficando restritos a um grupo seleto e detentor das informações e, conseqüentemente, do poder. A busca pela humanização da empresa começa pelo autoquestionamento sobre esses e outros temas.

Nesta perspectiva centralizadora, o compromisso dos empregados com a organização geralmente é menor em virtude do foco no resultado financeiro, na produção e não, especificamente, nos fatores humanos, como tende a ocorrer com a gestão descentralizada.

No fundo, o que hoje chamamos de área de recursos humanos volta-se para a visão de uma antiga área de departamento pessoal, isto é, processamento da folha de pagamentos e alguns parcos benefícios. Políticas de carreira? Assistência social de alguma forma? Planos de avaliação de desempenho com vistas ao crescimento pessoal? Essas e outras ponderações são bonitas no papel e impensáveis no cenário centralizador, uma vez que não se constituem em preocupações reais e concretas das organizações que atuam desta forma. Não seria um desejo lícito, e sim, uma utopia dentro desta perspectiva de gestão.

Muito mais do que serem considerados parte crucial dos processos, os empregados restringem-se à realização do que lhes é cobrado e exigido em termos comportamentais e de produção diária. Não existe incentivo para o desenvolvimento da proatividade, muito pelo contrário, quanto mais disciplinado e obediente for o empregado, melhor para ele e para a organização.

Se possuir alguma necessidade específica que não seja convergente com os interesses organizacionais, certamente a tendência é de vir a ser substituído, uma vez que a empresa que atua desta forma não possuirá estrutura e cultura para entender e realizar este tipo de ação.

Sendo assim, neste clima organizacional formado por este estilo gerencial, a tendência é que a preocupação com o lado financeiro seja o objetivo maior. Todas as outras questões são secundárias e não relevantes. A cultura da empresa direciona-se para o alcance de resultados financeiros em detrimento da valorização de outros fatores, como os recursos humanos, por exemplo. Isso acaba por estimular a saída indesejada de empregados valiosos, em função do conhecimento técnico que possuem e, principalmente, do conhecimento tácito acerca das operações da empresa.

As decisões e as estratégias que são tomadas baseiam-se na perspectiva financeira de maiores lucros e dificilmente levam em consideração o lado humano da organização, que, em verdade, é o principal e derradeiro agente responsável pelo alcance das metas e dos resultados.

As empresas tornam-se fechadas para este apelo, o desenvolvimento profissional do empregado nessas condições é difícil de ser previsto e imaginado, uma vez que o ambiente de trabalho não incentiva tampouco propicia este tipo de ação gerencial.

Em síntese, as organizações enxergam o que desejam enxergar e convidam os seus empregados a fazerem o mesmo. Acima de tudo, as empresas querem que os empregados coloquem os seus trabalhos em primeiro lugar em termos de prioridade de vida.

Muitos são os impactos e as conseqüências de uma gestão centralizadora em uma organização, quer sejam aspectos humanos, quer sejam aspectos financeiros e de marketing. Esses impactos podem ser considerados positivos e/ou negativos, dependendo da ótica que está sendo usada e, sobretudo, do que se deseja auferir como resultado e meta de negócio. Não existe certo e errado neste caso, existe uma escolha empresarial e o conseqüente posicionamento gerencial para alcançar os parâmetros desta opção estratégica.

DESCENTRALIZAÇÃO DE PODER NAS ORGANIZAÇÕES

Um ambiente de gestão caracterizado como descentralizado possui certas facetas interessantes sob o ponto de vista humano na organização. A perspectiva de valorizar o lado humano nas organizações é a principal vertente de diferenciação no tocante à gestão centralizadora.

A percepção de que os empregados são os verdadeiros responsáveis pelos resultados da empresa quebra e transforma de maneira irrevogável algumas crenças e paradigmas do passado.

A estrutura organizacional da empresa começa a assumir outro desenho, muito mais horizontalizado, reduzindo níveis hierárquicos, privilegiando a comunicação interna e a agilidade nas tomadas de decisão. O empregado adquire novo *status*, deixa de ser mais um, recebe tratamento quase individualizado, suas necessidades e expectativas são ouvidas e levadas em consideração nos momentos devidos. Existe diálogo e abertura para que os mesmos coloquem suas ponderações.

De fato, a descentralização, como qualquer mudança, começa com a quebra de alguns paradigmas e de algumas crenças incorporadas ao longo do tempo, fruto de práticas gerenciais e hábitos enraizados que provocaram o surgimento de uma determinada cultura empresarial.

Quando, neste momento, as empresas que buscam a descentralização começam a se fazer perguntas simples como: "Por que realizamos esta tarefa desta forma?" "Qual a razão de determinada atividade ser realizada por esse nível hierárquico?" "O que faz mais sentido, a estrutura organizacional existente ou a busca pelo atendimento dos desejos e anseios de nossos clientes?" Observa-se a mudança no reconhecimento de que os clientes deixam de ser meros consumidores.

São mudanças simples e muitas vezes discretas que, gradativamente, começam a moldar uma nova cultura corporativa. Da mesma forma que a psicologia nos tem mostrado que um ser humano só se transforma quando as mudanças ocorrem internamente, isto é, através da consciência, em geral uma empresa só se modifica quando as transformações ocorrem calcadas em alicerces construídos de maneira consciente acerca do que se deseja mudar e do que se almeja conquistar.

A descentralização descortina este manancial de oportunidades internas em prol da transformação da cultura corporativa e da visão acerca do funcionamento das organizações. É um momento rico para o crescimento e para o nascimento de outras formas de gerenciamento das operações, mais adequadas à nova realidade, enfrentada pelas empresas em suas áreas de negócios e de atuação.

As organizações que atuam de forma descentralizada enfrentam desafios de natureza completamente diferente das centralizadas. Precisam se preocupar, em primeira instância, com os anseios de sua clientela e, a partir daí, desenvolver a estrutura organizacional da empresa.

Esses aspectos não se findam em si mesmos, são recorrentes e irreversíveis, isto é, os desejos e os anseios dos clientes se modificam ao longo do tempo, novos clientes surgem e, com eles, outras e novas necessidades também. Com esta linha de atuação em mente, é natural imaginarmos que a empresa pós-moderna e, como tal, mais voltada para a descentralização, seja uma empresa em constante mudança estrutural e em constante mudança de toda sorte de recursos humanos, operacionais, financeiros, mercadológicos e estratégicos de que possa lançar mão. É uma constante reavaliação, onde não existe o que é certo, e sim o que faz sentido.

O alinhamento das aspirações individuais dos empregados com as metas e com os objetivos da empresa é uma das ações que modifica profundamente a essência do relacionamento dos empregados com a organização, ou seja, o compromisso institucional tende a ser maior, assim como a autonomia de ação acaba por provocar altos níveis de satisfação dos empregados. Resultante desta nova relação empregado-empregador, a empresa consegue cooptar o entusiasmo e a motivação dos empregados com o alcance dos seus objetivos individuais e, conseqüentemente, os resultados da organização tendem a ser maiores.

Um empregado satisfeito com o seu trabalho e com a organização é fator de extrema diferenciação. Em geral, atrai outros empregados no mesmo perfil, consegue vislumbrar outros negócios possíveis, novas formas de gerir suas atividades, desenvolve a proatividade em relação aos problemas internos e de seus clientes, dentre outras características importantíssimas para o sucesso da empresa.

Nesta filosofia, a organização descentralizada acaba buscando muito mais o lado humano da organização. O sucesso é resultado do esforço conjunto, entre outros aspectos; o trabalho em equipe e participativo é motivo de orgulho interno, a comunicação recebe sinais claros da sua importância e é incentivada, e o retorno financeiro é conseqüência e nunca, jamais, objetivo primário.

Por outro lado, a organização pode acabar dispersando-se, perdendo foco acerca da sua verdadeira vocação e intenção estratégica. O estímulo à informalidade pode deixar a entender que essas organizações não estão muito preocupadas com o planejamento e em ter alguma rigidez, muitas vezes necessários para o mundo dos negócios.

Descentralização e informalidade não são conceitos atrelados, isto é, uma organização pode ser descentralizada e ser formal em diversas atividades, sem, contudo, perder de vista o seu real propósito e missão institucional.

Com efeito, uma gestão descentralizada caracteriza-se fortemente por empreender uma certa flexibilidade em suas operações, isto é, nada é considerado irrevogável e definitivo, nem todas as decisões são tomadas de forma unilateral. É óbvio que alguém precisa tomar decisões, todavia os empregados e os participantes diretos desta decisão normalmente são ouvidos, colocam seus pontos de vista e influenciam as tomadas de decisão, tornando o ambiente de trabalho extremamente participativo e incentivador, uma vez que percebem o quanto as suas opiniões são relevantes para os processos.

Quando falamos em gestão descentralizada, não estamos defendendo a ótica do liberalismo exacerbado, estamos falando de privilegiar o lado humano na organização, de entender a corporação como constituída de algo mais do que máquinas, do que padronização e controles.

Estamos sugerindo entender a empresa como detentora de alma, de sangue, de inteligência e que também possui máquinas, entre outras características fundamentais para o seu sucesso. A grande diferença é na percepção acerca dessa nova vertente. Enxergar a organização sob este prisma significa quebrar paradigmas e mexer com a cultura organizacional.

Não existe um caminho melhor ou pior, um caminho certo ou errado, e sim um caminho adequado ao atendimento das aspirações e das necessidades da sociedade. Isso é feito através do alinhamento dos objetivos dos empregados com os da empresa que, juntos, apontando para o mesmo lado, são bem melhores do que separados, do que a filosofia de que a direção manda e os empregados obedecem, sentimento característico do período fordista e da centralização de poder.

Deste modo, o maior impacto que a gestão descentralizada pode almejar é buscar a sintonia fina entre os desejos e os objetivos dos empregados com as metas organizacionais. Deste encontro, podem surgir inúmeras mudanças e vitórias para a empresa que passará a desempenhar suas atividades primando pela gestão conjunta, partilhada e profundamente interdependente.

Capítulo 3

Gestão de Pessoas

ESTRATÉGIAS EMPRESARIAIS E AS PESSOAS

Indubitavelmente, uma das variáveis de maior importância na busca do êxito da implantação de uma estratégia, independente de sua formulação e objetivos desejados, é a consideração para o fator humano. Sem pessoas envolvidas e compromissadas com a estratégia desenhada, o futuro esperado poderá não passar de um simples desejo com pouquíssimas possibilidades de concretização.

A formulação da estratégia organizacional deve basear-se, entre outras perspectivas, nas pessoas envolvidas. Ela deve demonstrar tanto o presente e as ponderações no tocante ao futuro de expansão e crescimento da empresa quanto observar as perspectivas individuais de cada empregado.

Desenvolver uma política ou estratégia focando no desenvolvimento da organização sem a devida importância e atenção ao fator humano parece ser um dos maiores equívocos empresariais. Nas palavras de Chiavenato, constata-se, claramente, o papel de ator principal que as pessoas representam no dia-a-dia das corporações.

Lamentavelmente, muitas instituições insistem em relevar estas questões em suas decisões estratégicas, comprometendo suas operações e provocando intangíveis dissabores nos empregados, muitas vezes, irremediáveis.

Desde a década de 30, com a Escola de Relações Humanas, os conceitos da chamada administração participativa (movimento iniciado por Peter Drucker) vêm sendo divulgados como o caminho para a obtenção dos resultados desejados pelas empresas no que tange aos seus recursos humanos. A participação e o envolvimento são aspectos indispensáveis para a gestão de pessoas.

O envolvimento verdadeiro, a motivação por agregar valor, a aceitação de responsabilidades e, sobretudo, a comunicação aberta e transparente formam a base de sustentação do que chamamos de administração participativa.

Esta prática tem sido considerada por diversas empresas como sendo parte essencial para a construção de um futuro sólido e calcado, principalmente, nas pessoas.

Neste sentido, as empresas precisam criar e desenvolver ambientes de trabalho que estimulem o envolvimento de seus empregados, onde eles se sintam parte integrante e capazes de efetivamente fazerem a diferença. Uma administração participativa requer a busca incessante, como frisa Chiavenato, do envolvimento, da motivação e da delegação de responsabilidades. São conceitos e idéias que não podem ficar somente no discurso e nas paredes dos escritórios.

Muitos empregados, por não compreenderem de maneira cristalina o que e por que fazem determinadas ações, não conseguem desenvolver uma efetiva motivação em seus trabalhos. Daí ressaltar a importância do envolvimento como pré-requisito prioritário para o desabrochar da motivação profissional. Esses empregados, sentindo-se perdidos e sem a devida orientação, acabam tornando-se repetitivos e com grande apego à rotina, na procura de algum sentido para os seus trabalhos. Acabam realizando o trabalho como algo mecânico e automático e não pelo prazer de construírem a cada dia novas soluções e resultados para eles e para as suas empresas.

Não obstante considerarmos o lado dos empregados em relação à motivação em seus trabalhos, devemos ressaltar também a importância dos dirigentes das organizações, verdadeiros estimuladores ou repressores de oportunidades para o crescimento da motivação, do envolvimento real com as estratégias das empresas e do estímulo em prol da satisfação com o trabalho.

Neste campo da motivação no trabalho, devemos mencionar a função do controle. É comum observarmos que os executivos vivem querendo moldar a natureza humana aos próprios desejos e anseios, em vez de lidarem com esta questão de forma adaptativa, convivendo com as imperfeições, dando orientação e promovendo novas diretrizes. Ninguém muda ninguém, o que é absolutamente verdadeiro neste contexto também.

Se observarmos outras profissões, como a engenharia, por exemplo, perceberemos que os engenheiros esperam que a natureza siga o seu fluxo normal. Ele trabalha com ela, lado a lado até chegar aos seus objetivos. Ele não espera que a chuva caia para cima, ele sabe que a chuva sempre cai para baixo! Como lidar com a situação a partir desta constatação? Esta é, também, a verdadeira questão do controle na esfera comportamental humana. Devemos aceitar as pessoas como elas são e, junto com elas, alcançarmos novos objetivos na direção almejada pelas empresas.

Devemos aprender "como as pessoas funcionam" e aceitar o que quer que venha como uma "verdade" e nunca como algo a ser mudado. Se assim procedermos, construiremos bons relacionamentos, cooperação e novas soluções em vez de atritos e decepções.

O desenvolvimento destas variáveis depende, sobretudo, do nível de motivação de cada um. Diversos pensamentos tentam explicar o fator motivacional há muito tempo, desde o estudo das hierarquias das necessidades humanas de Maslow até a definição de que a motivação é algo que cada um de nós tem e que a desenvolvemos conforme as nossas necessidades ou motivos pessoais.

Todas as empresas desejam empregados motivados e simplesmente esquecem que elas mesmas possuem grande responsabilidade por mantê-los assim, através do ambiente de trabalho saudável, que estimule a opinião e o envolvimento, que auxilie o crescimento e que possa fornecer *feedback* e novas oportunidades e desafios.

A boa produtividade no trabalho, entre outros fatores, é função direta do nível de motivação do empregado. Em essência, podemos entender a motivação como sendo uma atitude positiva em prol da realização de algum objetivo.

Não há dúvida de que as empresas, juntamente com os seus interesses econômicos e de negócios, não podem ou não devem deixar ao acaso o fator humano, da administração participativa e fatores motivacionais, dentre tantos outros aspectos, conjecturando que auto-resolver-se-ão com o tempo.

Isto não acontecerá e, pior, em muitas circunstâncias, por não estarem envolvidas e desejosas dessas macrodecisões estratégico-gerenciais, acabam atuando como mais uma barreira a ser vencida; ou simplesmente "empurram com a barriga" o dia-a-dia, criando um ambiente de trabalho pouco provável para o sucesso.

Muito mais do que desenvolverem ações e medidas que estimulem e consigam cooptar a participação dos empregados em prol dos objetivos da empresa, os dirigentes precisam refletir, pois, dificilmente, reconhecem que por vezes são os principais responsáveis pelos resultados miseráveis que estão por colher.

Não existem culpados, existe a responsabilidade pelos nossos atos. Não podemos esperar alcançar um determinado resultado no trabalho se não buscarmos alinhamento entre as aspirações dos empregados e as metas da empresa. Podemos escolher o que desejamos plantar, mas não podemos reclamar tampouco culpar outros pelo que estamos colhendo.

Os "Gerentes" são os jardineiros de seus próprios jardins, se eles não cuidarem para que as "plantas" cresçam e produzam flores em conformidade com o potencial de seu canteiro, quem o fará?

A visão de Douglas McGregor com a sua Teoria Y (integração) vem defender a pressuposição da necessidade de convergência entre os objetivos organizacionais e individuais dos seus empregados.

Trata-se, em última instância, de uma mudança considerável na mentalidade para a classe dirigente, acostumada às premissas de que a opinião e participação dos seus empregados não são fundamentais para o êxito da organização. Aliar as aspirações individuais com os objetivos da organização é o caminho a ser seguido, por mais difícil e complexo que esta tarefa possa parecer.

Voltando ao nosso "gerente-jardineiro", este, quando não alcança os resultados desejados, não põe a culpa na "planta" por não ter crescido ou por ter morrido por falta de água. Acima de tudo, ele sabe que o responsável pelos seus resultados é ele mesmo. Não adianta buscar uma explicação fora dos seus atos tampouco culpar a planta!

Quando os administradores não conseguem controlar e direcionar os comportamentos humanos, qual é sua primeira ação? Assim como os jardineiros, os administradores devem buscar reavaliar os seus métodos de plantio, o que eles estão de fato plantando em suas equipes? As suas atitudes gerenciais estão condizentes com o que pretendem colher?

Os dirigentes precisam começar a olhar para as suas escolhas e os reflexos das mesmas antes de saírem de suas salas prontos para resolver a conseqüência de um problema e não sua verdadeira causa. Quem gosta de ficar apagando incêndio é bombeiro, não é administrador!

Como vimos, a escolha de uma estratégia empresarial, dentre outros fatores, passa pelas nossas concepções e crenças acerca da natureza humana e impacta principalmente no fator motivacional dos empregados. Não podemos fechar os olhos para esta realidade, sem empregados motivados, sem métodos organizacionais condizentes com a natureza humana, não há estratégia que perdure e logre êxito.

De fato, o comportamento humano é previsível. Só devemos buscar controlar este comportamento se reconhecermos que consiste em um processo de adaptação à natureza humana e não o contrário, isto é, fazer com que a natureza humana se conforme aos nossos desejos e anseios. Se fracassamos nas tentativas de controle, a causa geralmente se concentra no fato de termos escolhido meios inadequados.

Este é o novo desafio do líder moderno. Definir objetivos e metas, traçar alternativas possíveis juntamente com a sua equipe e envolvê-los na escolha da melhor decisão. Desta forma, o envolvimento será verdadeiro e os resultados também.

Por trás de todo e qualquer ato gerencial, existem pressuposições, crenças e valores de juízo acerca da natureza humana e de seu comportamento.

Precisamos mudar as lentes gastas dos nossos óculos organizacionais e começarmos a enxergar a nossa empresa e os empregados com um novo olhar e sob a luz do momento que a instituição atravessa.

Perceber o que acreditamos serem verdades absolutas e crenças gerenciais é de suma relevância para avaliarmos as conseqüências destes atos e possibilitar, desta forma, introduzir mudanças nos métodos utilizados até então. É a velha máxima da administração, estímulo, resposta e *feedback*.

Neste momento, muito mais do que analisar teorias acerca dos fatores motivacionais, devemos voltar a nossa atenção para compreender algumas premissas sobre a natureza humana no trabalho. Douglas McGregor, por intermédio das suas Teorias X e Y, descreveu as tendências do homem para um conjunto de comportamentos distintos. Exigiu, assim, dos dirigentes, atitudes e posturas condizentes com estas premissas, sob pena de não conseguirem obter os melhores resultados para a organização.

De acordo com a Teoria X, de maneira geral, o ser humano evita o trabalho a qualquer custo e só produz quando controlado, ameaçado de punição, coagido, pressionado e dirigido em suas ações.

Conforme a Teoria Y de McGregor, o ser humano é automotivável para o trabalho e produzirá mais, à medida que lhe forem oferecidas melhores condições. O problema, ao contrário da Teoria X, está na direção, isto é, se os empregados não querem cooperar ou são indiferentes, preguiçosos e, por vezes, intransigentes, a Teoria Y sugere que as causas devem ser procuradas nas políticas e nos procedimentos das organizações e não na natureza e no comportamento dos recursos humanos.

A Teoria X pode oferecer uma boa desculpa para a organização se isentar da responsabilidade pelos problemas existentes. É mais fácil culpar os outros pelos nossos fracassos e frustrações do que assumirmos a verdadeira responsabilidade pelos nossos atos e ações.

Com base nestas e em outras teorias acerca da natureza humana, os dirigentes poderão desenvolver estratégias condizentes com a cultura da empresa e com a forma de gestão reinante.

Deste modo, consegue-se ampliar as chances de sucesso na obtenção do compromisso dos empregados com a empresa.

É um exercício que, antes de tudo, devemos realizar com as nossas crenças e verdades. Somente a partir da investigação detalhada e da posterior transformação de nossas percepções é que poderemos promover uma verdadeira mudança em nossas organizações, ou melhor, estaremos bem preparados para entender, aceitar e suportar os processos de mudança das outras pessoas em nossa empresa.

Primeiro nós mudamos, depois auxiliamos os outros a mudar como julgarem que devem, em consonância com os objetivos organizacionais. É sempre uma escolha pessoal. Não existem vítimas nem agressores neste processo, e sim, consciência e responsabilidade.

FATORES MOTIVACIONAIS

Não é de hoje que as teorias da motivação tentam explicar as diversas razões para a eterna disputa na relação homem-trabalho. A visão de que o trabalho é algo ruim e necessário é como um remédio de gosto amargo. Não queremos; entretanto, se não o tomarmos, jamais melhoraremos.

Esta imagem sobre o trabalho vem sendo compartilhada por diversos pensadores da administração ao longo dos tempos. Certa ou errada, existe um senso comum acerca do quanto o trabalho é o oposto de diversas atividades prazerosas que realizamos. Nessa linha, os dirigentes deveriam procurar mecanismos para tornar o ambiente de trabalho algo produtivo, alegre e agradável. Somente assim, as empresas serão capazes de concorrer positivamente para a motivação e a satisfação dos seus empregados.

O trabalho sempre foi visto como algo contrário ao lazer e ao prazer. Sempre foi encarado como algo obrigatório. O lazer verdadeiro envolve, necessariamente, autonomia de decisão sobre o tempo a ele dedicado.

Nesta perspectiva, o trabalho, enquanto instrumento de pressão e obrigação, acaba por restringir esta autonomia e exige a conformidade com as regras impostas. Assim, retira o prazer do dia-a-dia do homem.

A essência do que é o trabalho acaba relacionando-se com as necessidades básicas para sobrevivência e não, como seria desejável, com atividades prazerosas.

Sabedores dessa disputa entre necessidades primárias (trabalho) e prazer (lazer), os dirigentes devem se empenhar em produzir um ambiente organizacional propício para o desabrochar de atividades prazerosas. Não se trata de tornar as empresas grandes salões de festas, e sim, formalmente, deixar fluir boas relações individuais entre os empregados e suas tarefas, com total anuência.

Neste momento, referimo-nos à promoção de atividades que estimulem o diálogo, a busca do autoconhecimento, a formação de equipes com questões fora do trabalho, o aumento da área de segurança de cada pessoa. Desta forma, contribuiu para a melhoria das relações interpessoais na equipe, ampliando, com isso, os resultados de negócios.

Gradativamente, poderá ocorrer a diminuição do *gap* entre motivação e satisfação em relação à obrigatoriedade de se realizar tarefas (trabalho). Cada empregado poderá, com o tempo, tornar-se fiel ao cumprimento de atividades que garantem seu sustento (necessidades primárias) e somam prazer nesta difícil equação a ser equilibrada.

Estudos demonstram que o homem é um animal constantemente carente, tão logo uma necessidade é satisfeita, ele inicia o processo de buscar uma outra. Este processo não tem fim.

O homem está sempre se esforçando para satisfazer as suas necessidades. Em vez de aproveitar o que já tem, permanece insatisfeito. Um jardineiro não se preocupa com as flores que ele não tem no jardim. Ele se concentra nas flores que tem e cuida delas com empenho. Qual a razão de não conseguirmos agir assim em nossas vidas?

Não há sensação pior no trabalho do que perceber que toda vez que realizamos algo diferente do esperado podemos estar infringindo algo e, como tal, desagradando os princípios e os valores da empresa.

Realizar uma atividade de maneira diferente não significa necessariamente realizá-la de maneira errada. É uma dificuldade recorrente de os gestores modernos conceberem que existem outras formas – e às vezes mais eficientes – de se realizar determinado grupo de atividades. O foco deve ser no resultado e não no processo escolhido por cada um para chegar lá.

É uma miopia antiga e ferrenha por mecanismos de controles complexos e repressores e não pela visualização dos resultados concretos e aferição de metas. Estes, indubitavelmente, demonstram de maneira inabalável a eficiência conquistada.

Na maioria dos setores econômicos, o como determinado trabalho é realizado não é tão relevante quando comparamos com os resultados advindos deste trabalho. Medir os resultados e deixar os trabalhadores livres para criar, desenvolver novos métodos e facetas é um dos segredos do incremento da motivação no dia-a-dia.

Em geral, a filosofia da gerência por direção e controle mostra-se incompatível quando falamos de motivação. As necessidades que movem as pessoas são, normalmente, sociais e, de certa forma, egoísticas. Para motivar pessoas, o valor do controle é limitado, uma vez que elas não enxergam a relevância deste gesto em prol da motivação.

O tempo que dedicamos ao trabalho é longo e valioso. Passamos muito mais tempo no trabalho do que em qualquer outro lugar. Quando não estamos fisicamente no trabalho, os nossos pensamentos, invariavelmente, passeiam pelas questões profissionais. Com isso em mente, não buscarmos prazer e felicidade no nosso dia-a-dia profissional parece ser obra da insanidade e do conformismo.

O que estamos fazendo com a nossa vida? Se nos falta qualificação para conseguirmos determinado trabalho, o que precisamos fazer para conquistar estas habilidades? É muito melhor empregarmos esforço e tempo buscando o que verdadeiramente desejamos do que aceitarmos qualquer trabalho e ficarmos escondidos na facilidade da mediocridade e infelizes, pois não realizamos o que queremos, seja qual for a desculpa que nos conforte.

O escritor norte-americano William Faulkner *apud* Motta (2000) retratou de maneira divertida, e ao mesmo tempo inspirada, a importância do tempo que dedicamos ao trabalho, alegando que o indivíduo não pode comer oito horas por dia, nem beber oito horas, nem mesmo fazer amor oito horas por dia; a única coisa a fazer oito horas por dia é trabalhar. Essa é a razão pela qual o homem faz a sua própria vida e a de todos tão miserável e infeliz.

Assim, por tudo isso é justo pensarmos que a visão comum acerca do trabalho é de algo nada agradável. Quando falamos em motivação, precisamos entrar nas fronteiras da relação individual com o trabalho. A motivação vem de dentro de cada um; todavia, sem estímulos lícitos, constantes e formais das organizações, todo o ímpeto e desejo dos empregados poderá ser desperdiçado e, com o tempo, aniquilar o compromisso dos mesmos com a organização.

Infelizmente, ainda nos dias de hoje, não são muitas as empresas que verdadeiramente se preocupam com os níveis de motivação de seus empregados. Realizar alguns treinamentos, participar de congressos, pagar alguns cursos, dentre outras ações comuns em diversas organizações, não são sinônimos da conquista de motivação, compromisso e satisfação por parte dos empregados. Auxiliam na quebra das rotinas, sem dúvida, mas não atacam o cerne da questão motivacional.

Muito mais do que cursos, os empregados desejam sentir-se valorizados pelos resultados que alcançam, mesmo que sejam poucos ou nem tão grandiosos, e pelas perspectivas que vislumbram para crescer na organização. Querem um ambiente justo e, acima de tudo, sensível às questões pessoais, afinal de contas, as empresas precisam se convencer de que tratar os seus empregados de maneira diferente do que fariam pelos seus preciosos clientes é uma demonstração de que os mesmos não são tão valorizados. Ora, se o empregado não estiver motivado e satisfeito, o que acontecerá quando o mesmo atender o precioso cliente?

Empregados motivados e valorizados pelas suas empresas atraem outros bons e motivados profissionais, são infinitamente mais comprometidos com os resultados e com a organização. Buscam constantemente melhores qualificações, são proativos e, acima de tudo, querem o melhor para a empresa, pois sabem que o melhor da empresa será o melhor para o futuro deles. Não investir nas pessoas e nas suas satisfações com o trabalho é o pior investimento que uma empresa pode realizar. É neste contexto que a concorrência agradece pelos empregados que ela consegue, facilmente, seduzir para a sua equipe.

A motivação, portanto, não é obra única e exclusiva da automotivação do indivíduo que, por si só, possui inúmeros pensamentos conflitantes para lidar e resolver. Sobretudo a motivação precisa ser constantemente estimulada pelas empresas.

Existem inúmeras formas de uma organização estimular a satisfação com o trabalho, resta saber se essa busca pela motivação e satisfação é realmente desejada por toda a cultura da empresa. São valores que precisam estar absorvidos por toda organização, uma vez que atos isolados não surtirão efeito positivo, muito pelo contrário.

Muito mais do que designar tarefas, os gestores devem buscar envolver os empregados na execução de objetivos que sejam também importantes para eles. Desta forma, eles executam atividades com um senso de importância e relevância pessoal e para a empresa, isto é, existe um contexto e existe um papel a ser desempenhado. Devemos vender os benefícios e nunca as tarefas.

Vendo desta forma, a "obrigação" de se realizar alguma "tarefa" desaparece, e, com ela, as relações interpessoais no ambiente de trabalho começam a tomar novo impulso.

A influência do ambiente de trabalho no desempenho da atividade é importante, no entanto o conteúdo e o envolvimento com a atividade (e não com a "tarefa") são ainda mais relevantes em função da motivação que possam trazer.

Deste modo, as organizações devem procurar designar atividades como uma venda, retirando o foco de que se trata de uma tarefa, uma obrigação a ser cumprida. Sem essa carga emocional, a concretização flui com muito mais naturalidade e envolvimento verdadeiro. No fundo, sentem-se capazes de realizar a atividade e podem vir a receber reconhecimento pelo feito.

Status, salário, benefícios e estabilidade são itens importantes, entretanto, quando presentes, nem sempre causam aumento da satisfação, simplesmente podem adiar que venha a insatisfação com o trabalho.

Quebrar paradigmas e transformar a organização em uma instituição que realmente valorize o empregado é o primeiro passo para uma empresa que deseja efetivamente conquistar e desenvolver a motivação e a satisfação de seus empregados. Sem dúvida, não é um passo fácil, pois, se assim fosse, todos já o teriam feito.

Tomar decisões que contemplem a integração de interesses (empresa e empregados) é o paradigma que precisa ser quebrado em prol do renascimento da motivação individual.

Em verdade, é uma decisão dificílima, abrir mão do foco puramente financeiro (lucros) em favor da realização de investimentos nas pessoas, o que, no longo prazo, e somente no longo prazo, poderá trazer maiores lucros. Quantos empresários estão dispostos a deixar de lucrar menos hoje para lucrarem mais amanhã?

Gerir uma empresa em função do controle e da direção e de forma unilateral não facilita a conquista dos objetivos empresariais. É uma gestão que não estimula tampouco cria o vínculo e o compromisso das pessoas com as atividades a serem desenvolvidas. Com a diminuição da motivação, os custos de controle e direção multiplicados por várias vezes ao longo do tempo não compensarão as possíveis vantagens obtidas com tais medidas de gestão. É uma miopia de muitos empresários.

Contrate os melhores empregados que você puder e deixe-os com autonomia para trabalhar. Seja um orientador, um facilitador de seu trabalho e não um capataz em busca de erros e punições.

O verdadeiro líder deve realçar os aspectos positivos das pessoas e não apontar supostos erros segundo a sua própria opinião e julgamento. O ser humano é mestre em apontar erros. Esta é a principal finalidade do dedo indicador, se assim não fosse, qual a razão de sempre usarmos este dedo para designar atividades, dar ordens e falar firme gesticulando? É o dedo do poder.

Imagine você chegando em casa, cansado do trabalho, o jantar tem tudo que você adora, é o seu prato predileto, um suculento bife, pudim de leite de sobremesa, uma taça do seu vinho especial, tudo preparado com afinco e amor pela sua esposa ou pelo seu marido. Está imaginando a cena?

Pois bem, você senta e começa a degustar esta maravilha, quando, repentinamente, percebe que tem no seu prato também algo que você detesta, jiló refogado! Pronto, acabou todo o bom humor, acabou a alegria do jantar, e por vezes até o apetite se esgotou por completo. Sem falar na possível discussão e na quebra do clima conjugal.

Pois é, o que você acabou de fazer? Acabou de dar mais atenção para o ponto negativo do que para o que o jantar tinha de bom, deixando que isto acabasse com o seu humor e com o clima harmônico que reinava. Qual a razão de não olharmos para o lado positivo das situações? Se assim fizermos, começaremos a perceber que a vida não é tão ruim assim, é um exercício que exige disciplina e consciência.

Quando trazemos este modo inconsciente de agir para o trabalho, quais são as conseqüências? Apontar falhas, dar ordens e mandar. O que isto pode proporcionar para o êxito da gestão de pessoas?

Deixarei esta resposta para a sua reflexão. Será que este tipo de ação acontece em nossas empresas ou somente nas empresas européias e americanas? Se observarmos atentamente o nosso dia-a-dia, será que não fazemos isso em determinados momentos e nem percebemos?

De fato, este simples gesto e esta forma de conduta poderá provocar a mesma reação nas outras pessoas. Somos espelhos uns dos outros. Assim, como ficará o ambiente de trabalho onde as pessoas estão mais preocupadas com o poder do que com a felicidade no que realizam? Qual o resultado possível para a empresa que possui esta cultura pelos seus corredores e escritórios?

O IMPACTO DO AMBIENTE DE TRABALHO

A cada dia que passa o ambiente de trabalho adquire novos contornos e importância. As empresas que ainda não atentaram para sua relevância e impacto em seus empregados, bem como para os resultados alcançados pelos mesmos, poderão amargar a perda de inúmeros talentos de suas equipes.

Se pararmos para analisar o nosso dia de trabalho, perceberemos que a maior parte do nosso tempo na fase adulta gira em torno de atividades que guardam alguma relação com o trabalho, ou seja, vestindo-se para ir trabalhar, deslocando-se para o trabalho, trabalhando, conversando sobre o trabalho com as outras pessoas, tentando relaxar após o expediente, cogitando novas perspectivas para o trabalho, dentre outros pensamentos e ações.

Se concentramos tanto tempo no trabalho, temos de aproveitá-lo ao máximo, com energia e vibração. Apesar desta constatação, existem inúmeras pessoas que apenas gastam o tempo no trabalho para poderem satisfazer as suas necessidades e realizações em outros lugares e situações pessoais.

Caro leitor, isso lhe parece familiar?

Neste momento, cabe uma indagação. Qual o receio das organizações em contribuírem por um ambiente de trabalho mais feliz e satisfatório? Algum medo de que, possivelmente, uma distração ou outra em momentos não tão adequados venham a corroer toda uma estrutura organizacional?

Estamos acostumados a privar os nossos filhos e familiares da nossa presença nos fins de semana em função do trabalho, qual a razão de não aceitarmos que o ambiente de trabalho sirva também para que, de algum modo, em momentos específicos em nossa rotina diária, possamos permitir-nos misturar questões pessoais e profissionais? Afinal de contas, o ser humano é complexo, é emoção e razão ao mesmo tempo.

Os gestores precisam repensar os seus papéis, precisam refletir acerca do que realmente estão fazendo para contribuir para a formação de um ambiente de trabalho favorável para os empregados.

As pessoas gostam de trabalhar em locais divertidos, repletos de energia e onde se sintam especiais. Desta forma, sobra pouco espaço para o desânimo e para o estresse, ampliando a propensão para o entusiasmo.

Quando trabalhamos com entusiasmo verdadeiro, as coisas acontecem naturalmente, paramos de nos preocupar com quem é culpado pelo o quê, quem fez isso ou aquilo, e percebemos que só depende de nós.

Por que os executivos dão tão pouca importância para o ambiente de trabalho se este quesito sustenta grande parcela das intenções de mudança de emprego dos funcionários?

Segundo pesquisa realizada com 140 empresas brasileiras no ano de 2001 pela empresa de consultoria Towers Perrin, acerca dos principais fatores de atração e retenção de talentos, e publicada no jornal Valor Econômico em junho/2001, 61% dos entrevistados demonstraram a relevância do ambiente de trabalho como fator decisivo na sua permanência ou saída de uma empresa. Este item só perde, com pouca diferença, para o fator salarial (67%), ficando ainda à frente da imagem da empresa, da remuneração variável e dos desafios profissionais.

Principais Fatores de Atração e Retenção de Talentos
Towers Perrin – Jornal Valor Econômico – Junho/2001

- Desafios Profissionais: 47%
- Ambiente de Trabalho: 61%
- Remuneração Variável: 49%
- Imagem da Empresa: 49%
- Salário: 67%

O ambiente de trabalho é composto não só da sua infra-estrutura física e técnica bem como pelas pessoas que o utilizam. São as pessoas que fazem a diferença, que contribuem para um ambiente saudável e desejado. As suas atitudes são vitais para a mudança de um ambiente organizacional. O que os seus dirigentes têm feito para estimular o desenvolvimento de atitudes em sua empresa? Eles incentivam ou simplesmente usam de seu poder para punir?

Ademais, as organizações possuem uma parcela relevante no sucesso de um ambiente corporativo, por intermédio da definição das políticas de recursos humanos, do que pode e o que não pode ser realizado, da oferta de condições físicas adequadas e, principalmente, pelo estímulo freqüente à integração das pessoas e equipes, pela clareza nas metas e nos objetivos e pela transparência incondicional no que tange as comunicações internas e decisões empresariais. Nem sempre o problema é com as notícias negativas, e sim com a falta de comunicação das mesmas.

Quando as atitudes dos empregados somam-se aos esforços efetivos das suas organizações, o melhor ambiente de trabalho poderá ser formado. É uma parceria de sucesso.

A empresa ganha o compromisso, a dedicação, o empenho e, sobretudo, a satisfação do empregado em poder participar desta equipe vencedora. Por outro lado, o empregado beneficia-se de um ambiente flexível, agradável, criativo e incentivador das suas realizações. O empregado deixa de ser um simples recurso, para ser um replicador importante dessa cultura por toda a organização.

Num ambiente propício para o bem-estar, iniciativas e orientações por parte dos empregados e com perfeita aceitação e estímulo dos executivos acabam por incentivar ainda mais o surgimento de regras de convivência. Estas nada mais são do que a expressão da felicidade que se tem em poder participar de um ambiente gratificante.

Vamos viajar? Imagine agora uma empresa onde, logo pela manhã, a única missão é fazer deste dia um dia especial para você e seus colegas. Onde brincar e divertir-se com as questões é uma das regras, onde se pode ser sério sem precisar ficar de cara amarrada, onde sorrir é o básico, onde as pessoas (clientes e colegas) tivessem um desejo verdadeiro de fazer a diferença para alguém, de ajudar alguém, principalmente quando não estão se sentindo muito bem! É um santo remédio, da próxima vez que se sentir assim, tente isso!

Imaginaram essa empresa? O quê? Ela não existe? Existe sim! Quer trabalhar numa empresa assim? Então comece por você no dia-a-dia.

Essas e outras características do comportamento das pessoas em um ambiente de trabalho "transformam" qualquer ambiente de trabalho. O ponto, então, reside no comportamento que as pessoas mostram no seu dia-a-dia; em síntese, é uma questão de atitude e de escolha. Com qual atitude você chegará no seu trabalho amanhã? É uma escolha exclusivamente sua, só depende de você.

Nesse contexto, com a centralização de decisões, normalmente a qualidade do ambiente de trabalho esgota-se rapidamente, isto é, torna-se irrelevante perante variáveis estratégicas de cunho econômico e consideradas de maior importância. Seria justo pensar que no médio/longo prazo esta falta de preocupação com o ambiente de trabalho provocaria perdas irreparáveis?

A questão que se coloca é que são aspectos imperceptíveis quando a orientação e a cultura das empresas não possuem, de forma intrínseca, esta preocupação como um valor efetivo da corporação. Se isso não é uma crença da empresa, seria como tentar pescar em um rio que secou.

Por outro lado, com a descentralização, as organizações, em geral, deixam as pessoas mais à vontade em relação a este aspecto, isto é, transferem a responsabilidade para os próprios indivíduos, dentro de determinados parâmetros previamente definidos. Neste cenário, as pessoas possuem outra percepção acerca do ambiente do trabalho, uma vez que são as verdadeiras responsáveis pela qualidade do mesmo e, como tais, produzem o que julgam pertinente e se sentem bem por isso.

Possivelmente, a ALMA VAREJISTA, empresa estudada neste livro, entre várias outras empresas, não se preocupou com este aspecto. Fato é que, com a queda qualitativa da atmosfera de trabalho, ocorre também uma saída dos talentos humanos das empresas, pois estes buscam melhores ofertas de trabalho como um todo. Isso inclui retornos financeiros, novos e velhos desafios, perspectivas de crescimento e, por que não, melhor ambiente de trabalho entre vários outros aspectos.

No caso da ALMA VAREJISTA, a empresa presenciou uma debandada efetiva de empregados para outras organizações varejistas, levando consigo toda a *expertise*, conhecimento do varejo e a vontade de fazer ainda mais pela nova empresa.

Assim como a motivação é fundamental para os resultados das empresas, pois impacta na produtividade e no envolvimento dos empregados, as conseqüências e os impactos negativos ou positivos de um determinado ambiente de trabalho influenciam, de maneira absoluta, nos fatores motivacionais dos indivíduos e, como tal, o ciclo da gestão se reinicia. Ou seja, empregados motivados e um bom ambiente de trabalho é tudo que um dirigente deveria estar preocupado em estimular em suas organizações. Infelizmente, não é o que temos presenciado.

Muitas vezes, os empregados podem acabar entrando naquela bolha negativa, ou melhor, como o ambiente de trabalho não está bom (não está voltado para a preocupação com os empregados, e sim para os objetivos da empresa), associado à sua baixa motivação com a política interna da empresa e somado a diversos outros motivos que só contribuem para sua insatisfação em geral, quais poderiam ser os possíveis desfechos deste ciclo?

A ALMA VAREJISTA, sem sombra de dúvida, passou por este ciclo lamentável, devido a pouca sensibilidade da direção e/ou à omissão da mesma pelos reclames demonstrados por seus empregados. Com o foco e a cultura da empresa incentivando o lado financeiro e econômico, como dar atenção para uma questão irrelevante como o fator humano?

Se existisse uma fórmula que pudéssemos lançar mão para transformar o clima pessimista em otimista e o ambiente de trabalho de nossas empresas, você estaria interessado? Baseado em sucessivas experiências profissionais desenvolvemos uma metodologia simples que parece funcionar bem, principalmente nas situações em que os executivos precisam mudar o rumo de ação, iniciar mudanças e/ou resgatar a confiança da equipe.

O primeiro passo é entendermos o que verdadeiramente está acontecendo na equipe (empresa). É o "sentir o clima".

Para fazermos isso, o melhor caminho, em geral, é o desenvolvimento de uma conversa franca e direta com os integrantes da equipe. Buscamos compreender os anseios, os medos, a motivação e, principalmente, as expectativas de cada um ou do grupo. Se uma conversa individual for inviável, divida em pequenos grupos. Reflita se o "inviável" para uma conversa individual não pode ser também a necessidade de uma mudança de atitude (postura) para você.

Conseguem perceber agora a razão pela qual tudo começa com a mudança em nós mesmos para depois buscarmos mudar os outros?

Esta conversa franca individual ou em grupo deve abordar, dentre outras questões:

- como a pessoa está se sentindo em relação à empresa neste momento?;
- se ela pudesse mudar um único aspecto agora, o que seria?;
- como está a motivação neste momento?;
- possui expectativas de crescer na empresa? São factíveis?;
- qual a opinião sincera em relação aos últimos acontecimentos (últimas decisões) na empresa?;
- independente se está feliz ou não neste momento com a empresa, procure entender se esta pessoa estaria disposta a continuar confiando ou voltaria a confiar nos rumos da empresa?

Se esta última resposta for negativa, aconselhamos a aprofundar a conversa com esta pessoa em outro momento. Ou então se conscientizar de que talvez, eu escrevi talvez, o melhor caminho para ela seja seguir em frente com a sua carreira em outro local – e isto não significa demiti-la, mas sim fazê-la perceber o quanto ela está infeliz e/ou não confiante na empresa. Sendo assim, qual a razão para continuar remando contra a maré e contra sua própria vida?

Se pura e simplesmente procedemos com uma demissão, estamos perdendo uma oportunidade para auxiliar no crescimento desta pessoa. Talvez ninguém nunca tenha chegado até ela e conversado sobre estas questões. Pode ser um novo mundo que acaba de se abrir para as pretensões e expectativas de sua carreira. É preciso usar o bom senso neste momento para dar-lhe tempo para processar esta conversa.

Seguir deste jeito não fará bem para ela, tampouco para a empresa. E quantas vezes nos flagramos repetindo coisas de que não gostamos e nos quais não temos confiança, mas mesmo assim fazemos. É isso que estamos sinalizando.

Demitir neste momento uma pessoa que você talvez sinta que não contribuirá com os seus planos futuros não é uma boa ação. Se ao longo destes passos você perceber que esta pessoa continua sendo um provável "entrave" para que as coisas aconteçam, que a sua atitude continua sendo negativa, então, mais para frente, converse novamente com essa pessoa e acordem o que é melhor para empresa e para ela.

Considerando que agora você tem uma idéia muito clara do espírito reinante na empresa, do que os aflige mais e do que eles confiam, siga adiante para o próximo passo.

O segundo passo é uma reflexão. Tendo claro quais são os objetivos da empresa bem como quais são as aspirações do grupo, está na hora de você priorizar, isto é, se você só pudesse dar um único passo, para que lado seria? Qual a decisão ou ação que você pode fazer neste momento que se aproximaria mais do objetivo da empresa, levando em consideração o seu entendimento das aspirações do grupo?

Não vá adiante sem esta resposta. Pare, pense e pense, respire, pense até que esteja muito claro para você.

O terceiro passo é desenvolver a comunicação com as pessoas envolvidas no processo decisório e/ou com as pessoas que você precisa contar para que a mudança vá adiante. Em geral, são gerentes, coordenadores, assessores e supervisores, o nível intermediário da empresa.

As palavras de ordem neste terceiro passo são: ouvir, envolver e comprometer. Essas pessoas precisam ser envolvidas no processo, isto é, você precisará "vender" a ação primordial (segundo passo) para elas. Como já vimos, venda o benefício e não a tarefa. Fale deste desafio e de que "sem eles" isso não funcionará, faça-o com sinceridade verdadeira até que eles comprem a idéia e sintam-se de fato envolvidos com a proposta. Fale pouco e ouça muito. Se você for habilidoso na condução desta "reunião", o resultado deverá ser o comprometimento deste grupo em torno da nova idéia ou da mudança desejada.

Imediatamente a este "comprometimento" gerado na reunião, inicie o quarto passo ou marque para um dia próximo a continuidade do tema.

O quarto passo é a definição, em conjunto com o grupo, de um plano de ação. Plano este, constituído de três a no máximo cinco itens prioritários e que devem ser desenvolvidos no:

- curtíssimo prazo;
- curto prazo;
- médio prazo.

Nada que ultrapasse estes prazos ou o número de itens a serem priorizados será de fato relevante para o momento, pois correrá o risco de perder o foco e a força do plano de ação. Este plano precisa ser um gol imediato, simples e certo; caso contrário, cairá em descrédito e você dificilmente recuperará a sua credibilidade se for um gol contra.

Como desfecho deste quarto passo e ao lado do plano de ação, precisamos obter deste grupo nomes dos futuros líderes responsáveis pela implantação das ações acordadas.

Esses líderes não necessariamente são os chefes, diretores e gerentes, e sim pessoas que as equipes respeitam e confiam independente do cargo que ocupam e do poder que possuem em função de sua posição hierárquica.

Conhecidos os líderes deste plano de ação (quarto passo), o quinto passo é transmitir para os "novos líderes" a verdadeira responsabilidade que eles possuem. Este passo acontece, normalmente, em uma nova reunião com o grupo. Mais uma vez, falar pouco e ouvir muito. As palavras de ordem são: compartilhar e responsabilizar.

É fundamental a presença das pessoas que desenvolveram o plano de ação do quarto passo mais os definidos como "novos líderes". Em muitos casos, podem ser as mesmas pessoas, dependerá de cada situação e empresa.

O quinto passo culmina com o compromisso em relação às datas estipuladas no plano de ação.

A partir daí, vem o sexto e último passo, que é a constante avaliação e o acompanhamento da implantação do plano.

Com uma periodicidade, idealmente semanal, realize encontros com os líderes visando a ouvir como está acontecendo a implantação:

- quais são as dificuldades que necessitam de atenção imediata?;
- o que está funcionando bem?;
- quais são os recursos necessários?;
- como eles estão se sentindo neste processo?;
- qual é a distância para as metas estabelecidas no plano de ação?;
- surgiu algo de novo?;
- o que já foi resolvido?;
- re-alinhar o plano de ação.

Esses seis passos, quando realizados com afinco e verdadeiro desejo de mudança no ambiente de trabalho, provocam resultados rápidos e efetivos. (Ver Figura na página seguinte.)

Quando você desejar ou precisar mudar o ambiente de trabalho da sua equipe, realize estes seis passos e você conseguirá desenvolver uma nova empresa ou, ao menos, uma nova cultura.

O DIFERENCIAL COMPETITIVO: GESTÃO PARTICIPATIVA

Vivemos em um mundo no qual se observam as empresas como verdadeiros organismos vivos, que precisam aprender a se tornar flexíveis e a mudar para se manterem competitivas. Alianças são cada vez mais comuns e fundamentais, o aumento do uso intensivo de tecnologia e a busca de recursos externos continuam ampliando-se ao longo do tempo, assim como a capacidade de aprendizagem contínua é um dos critérios de medição do grau de sucesso organizacional.

Os seis passos para a mudança do ambiente do trabalho

- **Primeiro Passo** — Sentir o clima
- **Segundo Passo** — O que é importante?
- **Terceiro Passo** — Ouvir, envolver e compreender
- **Quarto Passo** — Plano de ação
- **Quinto Passo** — Responsabilizar os líderes
- **Sexto Passo** — Acompanhamento e *feedback*

(Mudança no Ambiente de Trabalho)

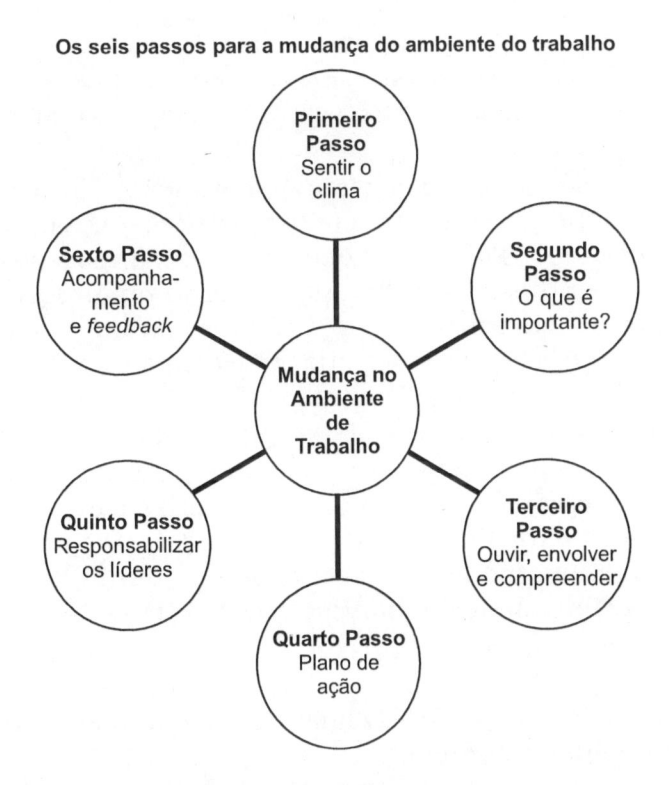

Hoje, o êxito de uma empresa ultrapassa a simples frieza dos resultados de um balanço positivo e revela o quanto esta corporação valoriza seus empregados, o quanto contribui para a preservação do meio ambiente, o quanto ajuda a comunidade ao redor, que, dentre outras ações, são aspectos tão fundamentais quanto demais argumentações financeiras.

Mais do que nunca, temos presenciado muitas organizações sendo avaliadas pelo mercado em função dos seus balanços sociais e não, como seria de esperar, somente pelos seus balanços contábeis.

Neste novo contexto corporativo, a gestão participativa pretende transformar as pessoas em parceiros do negócio, participando dos custos e dos benefícios da atividade empresarial. É a evolução do processo democrático. A matéria-prima dessa forma de gestão está nas pessoas e no que esta postura envolve de desafios e barreiras. O ser humano é extremamente complexo, é psicológico, biológico e social. Cada um tem nuances que o outro não possui e isso torna, muitas vezes, a gestão participativa difícil de ser exercida.

A gestão participativa pressupõe aceitação, envolvimento e busca incessante do consenso em torno de objetivos estipulados e compartilhados. Por vezes, demonstra-se impossível de ser realizada. A empresa percebe que se perde tempo com tantas reuniões, com a administração de conflitos inerentes ao processo democrático, com as lentidões que começam a surgir nas tomadas de decisão.

Nessas horas, se a base, se os valores da organização não estão bem consolidados, invariavelmente, acabam por abandonar o *modus operandi*. Os momentos de crise são as melhores oportunidades para observarmos o quanto a gestão participativa está ou não impregnada nos executivos e o quanto estes acreditam na sua efetividade enquanto técnica gerencial.

Na abordagem da gestão participativa, invariavelmente, precisamos mencionar a figura do líder com novas atribuições e uma nova visão estratégica. O líder de hoje também precisa ser diferente do líder de ontem.

Acima de tudo, os líderes da atualidade precisam comunicar suas idéias sem embaraços e com transparência. Precisam estar comprometidos e envolvidos com a descoberta de problemas e suas soluções.

O fracasso visto como um passo para o sucesso é um resultado normal do caminho para o êxito. Esses novos líderes entendem que aprender com os erros e fracassos é mais importante do que seguir a onda do suposto sucesso.

Os líderes eficazes desenvolvem empresas flexíveis e criativas, com capacidade de interpretar e aprender no dia-a-dia. Essas organizações são abertas e receptivas para a mudança e para o novo, isto é, para experimentar novas possibilidades de negócios e processos. O medo da mudança faz parte do passado para estas empresas, enfrentam o amanhã com entusiasmo e com a certeza de que se vive um dia depois do outro.

O líder, sintonizado com os contratempos internos e os desafios da organização, pode atuar como verdadeiro catalisador e solucionador de problemas, criando um ambiente de trabalho saudável. Assim, contribui positiva e decisivamente para o despertar da motivação nos indivíduos, aumentando o compromisso e o envolvimento dos mesmos com a empresa e com os seus resultados. É como se pressupõe um casamento, estão unidos na alegria e na tristeza.

O líder possui a habilidade de organizar as forças existentes em uma empresa, direcionando-as a um propósito comum. É alguém que pode organizar a experiência do grupo e, efetivamente, construir um time.

É também alguém que consegue observar e ajudar a vir à tona o que há de melhor em cada um dos empregados. Desta forma, cria empatia, compromisso e envolvimento com o grupo. O foco deixa de ser na pessoa do líder e passa para o grupo e para as metas a serem alcançadas.

Nos dias de hoje, podemos claramente perceber o novo papel que se impõe ao líder e, como tal, este novo contexto empresarial demanda um outro perfil de dirigente. Ainda é muito difícil encontrar executivos com qualificações consideradas razoáveis para assumir estes e outros desafios.

Segundo Mary Parker Follet, considerada a profeta do gerenciamento nas empresas, o líder deveria ter o espírito de aventura, e ser a alma pioneira que desbrava novas trilhas. Deveria ter a perspicácia para enxergar novos caminhos possíveis; a coragem para experimentá-los e o julgamento para medir os resultados.

Ao contrário do que muitos executivos podem supor, a gestão participativa é, sem sombra de dúvida, compatível com hierarquias. As pessoas são envolvidas, estimuladas e desejosas de contribuir, em um clima de confiança entre as partes, e isso não significa destruição dos centros de poder. Não se trata de promover a instalação do caos ou algo assim. O que muda, essencialmente, é a forma com que as coisas acontecem, é a promoção de um melhor ambiente de trabalho e do estímulo em cada um dos empregados para que verdadeiramente participem e contribuam para as decisões.

A antítese deste modelo de gestão é a atuação caracterizada pela imposição, pelo mandar, pela fiscalização e pelos controles exacerbados, pela coação e, principalmente, por não ouvir nem discutir. Infelizmente, muitas organizações continuam atuando desta forma, sem perceber o quanto estes procedimentos empurram os seus empregados para fora de suas empresas.

A mudança cultural da organização que deseja incentivar a gestão participativa é o primeiro e mais importante passo a ser seguido. A gestão participativa supõe algumas premissas que têm que ser avaliadas para saber se é realmente essa a filosofia de trabalho que a empresa deseja adotar.

Ao envolver pessoas e hierarquia, é importante perguntar se a liderança tem confiança total em seus empregados; ela admite que eles lhe falem com total liberdade? É capaz de ouvir opiniões dos empregados e adotá-las quando boas?

Por outro lado, os empregados estarão dispostos a aceitar a responsabilidade das decisões, os riscos de erros e os acertos? O ambiente de trabalho é propício para este nível de exposição? A organização demonstra querer aprender com os erros ou atua de maneira punitiva e inibidora? Qual a visão atual dos executivos: lideram pelo exemplo, por hierarquia e cargo, por punição e coerção, por resultados ou, ainda, por uma combinação nefasta desses fatores?

Todas as pessoas envolvidas devem ter a visão do negócio. Desde a faxineira até o mais alto executivo. Isso fará com que todos contribuam espontaneamente e compreendam a importância das partes para o sucesso do todo.

Já se foi o tempo em que cada um realizava a sua parte e estava pouco preocupado com os resultados das outras áreas. A responsabilidade das vitórias e das derrotas deve ser dividida por todos os participantes nos processos.

Não existe administração participativa sem que as pessoas possam efetiva e espontaneamente participar, colaborar, discutir, sugerir, questionar ou alterar uma decisão, um projeto ou uma simples idéia. A liberdade de atuação é fundamental.

Voltando ao exemplo analisado, com a centralização de diversas atividades e procedimentos, a ALMA VAREJISTA aniquilou o desejo, a motivação e a vontade de participação de inúmeros empregados, automaticamente e com um só golpe.

Do dia para a noite, vários gestores transformaram-se em meros executores de ordens e normas. Passaram a ser administradores de controles e implementadores de políticas em que, na maioria das vezes, nem sequer participaram ou foram consultados acerca da sua definição.

É como se retirassem todo o poder criativo, toda a autonomia engendrada ao longo de anos e que, inquestionavelmente, conduziram a organização para o sucesso alcançado.

Será que a ALMA VAREJISTA levou os conceitos da gestão participativa bem como valorizou os verdadeiros responsáveis pelos seus últimos resultados nesta ação de centralização de decisões? Não ouvir as pessoas acerca das suas contribuições e ponderações é sinal claro de que a empresa não está preocupada com isso e, sim, com os lucros, com as finanças, com a liderança econômica no setor.

Paradoxalmente, a ALMA VAREJISTA vinha perdendo *market share* para a concorrência. Coincidência? Seus gestores estavam desmotivados, sem direção, sem metas e sem objetivos tangíveis, com pouca ou nenhuma influência nas decisões que provocam o êxito ou fracasso dos seus negócios, entre outras características facilmente observáveis e contrárias às correntes da administração que advogam pela importância da gestão participativa no mundo contemporâneo.

Será que neste cenário antiparticipativo a concorrência tem terreno irrigado para crescer? Nos últimos três anos, a ALMA VAREJISTA estagnou o seu crescimento em vendas enquanto o principal concorrente cresceu consideravelmente.

Se você quer colher resultados efetivos na implantação da gestão participativa em sua empresa, entre outras atitudes:

- dê liberdade de ação para os líderes: foco no resultado;
- dê espaço para a participação espontânea de quem quer que seja na hierarquia da empresa;
- ajude a desenvolver os líderes, entenda que eles podem ser desenvolvidos também;
- estimule um ambiente de trabalho criativo e flexível;
- busque aceitação, envolvimento e consenso, *no matter what*.

FORMAÇÃO E DESENVOLVIMENTO DE EQUIPES DE TRABALHO

Atualmente, com as mudanças constantes de condições (consideradas imutáveis até pouco tempo), podemos considerar a constituição e a busca pelo alinhamento de interesses de grupos e equipes no trabalho como sendo um dos aspectos de maior relevância para as empresas modernas.

Uma questão que sempre vem à tona é a dificuldade no alinhamento entre necessidades individuais com os objetivos da empresa. Em geral, resume a dualidade da mente humana, como, por exemplo, passar mais tempo com a família ou cumprir o prazo do projeto? Ir para reunião inesperada ou pegar o filho na escola? É sempre uma "luta" interna na difícil tarefa de equilibrar a vida pessoal com as exigências das empresas. Como equilibrar esta equação?

Hoje, a busca por esta sonhada integração passa pela política da empresa no que concerne a incentivos, remuneração, motivação e como estes fatores vão moldando a cultura vigente.

Alinhar necessidades individuais com as exigências corporativas é, notadamente, um dos maiores e mais freqüentes conflitos de interesses que, sem sombra de dúvida, impactam na formação de grupos de trabalhos vencedores. Os executivos devem empenhar-se em promover ações que objetivam compreender e reduzir a distância entre as aspirações individuais e a linha de conduta gerencial da empresa.

Quando abordamos temas como gestão participativa, motivação individual, entre outros, invariavelmente, passaremos pela formação de grupos e de equipes de trabalho. O que seria uma verdadeira gestão participativa sem o trabalho conjunto? Sem cooperação? Sem o senso de união e contribuição? Sem a busca pelos melhores resultados para todos? Já se foi o tempo em que o sucesso da organização baseava-se nas conquistas e nos resultados de alguns poucos heróis.

Selecionar, treinar e cultivar o senso de cooperação e união entre as pessoas de uma determinada equipe ou grupo é o caminho para se conquistar resultados no médio prazo. De fato, não existem fórmulas para se obter o melhor de cada empregado; todavia, a experiência e a *expertise* de diversos teóricos e executivos demonstram que, acima de tudo, ouvir e envolver as pessoas nos processos decisórios é uma escolha vitoriosa, desde que seja realizada com verdadeiro interesse no estímulo ao aumento da participação das pessoas.

Muitos executivos dizem que escutam, envolvem e priorizam a participação dos empregados, no entanto a teoria é uma coisa e a prática é outra completamente diferente.

Uma situação é ouvir os empregados com o intuito de buscar uma solução e levar suas opiniões em consideração antes da decisão; outra, bem diferente, é ter uma solução definida, mas não comunicada e a discussão no grupo serve simplesmente a título de protocolo e formalismo, uma vez que a decisão já foi tomada anteriormente pelo executivo.

Conseqüência natural de um processo democrático bem conduzido e núcleo da administração participativa, a formação e o desenvolvimento de equipes e do estímulo ao trabalho em equipe são desdobramentos fundamentais para uma organização que almeja o sucesso e a manutenção de vitórias.

O desafio aqui é o alinhamento dos objetivos individuais com as metas e com os resultados desejados para os grupos e os objetivos destes com os objetivos organizacionais. São forças interligadas – sem a presença de uma delas, nada se concretiza. A organização se fortalece à medida que exista um equilíbrio entre esses fatores individuais e organizacionais.

As decisões devem ser tomadas com base no consenso do grupo, deve-se buscar o máximo envolvimento e comprometimento das pessoas. A equipe vence quando todo o grupo vence, o que deve prevalecer e ser valorizado é a sensação de pertencer ao grupo.

Uma organização se faz com a formação de grupos. Convergir os interesses em prol da comunidade e da empresa é uma alternativa para tirarmos o foco de detalhes que nada acrescentam para o resultado da empresa.

Todavia, conflitos existem e sempre existirão, não podemos fingir que não acontecem. Lidar com eles e buscar alternativas que satisfaçam as partes envolvidas – como estimula Follet – é o que de fato parece ser um destino interessante para a resolução de conflitos. Seria a base do que se chama integração para a resolução de conflitos.

Se entendermos que a integração de interesses ou desejos é mais lucrativa para a empresa, a teoria de Follet nos conduzirá primeiro a explicitar as diferenças, já que não podemos ir além nessa integração se desconhecemos o que de fato estamos falando. Analisar duas coisas, deixar claro o que é o quê, e só então partir para a integração, a qual, certamente, será uma alternativa ainda não pensada.

Os conflitos podem ser considerados como um dos grandes aspectos que contribuem para a complicação na formação de grupos e de equipes de trabalho.

Muitas vezes, as pessoas deixam que seus julgamentos pessoais, suas diferenças em relação a alguém ou as atitudes de alguém permaneçam interferindo negativamente no dia-a-dia e nos resultados almejados. A única coisa que conseguimos enxergar na nossa frente são os julgamentos que fazemos das outras pessoas. Essas etiquetas não nos permitem vislumbrar alternativas possíveis para a união de diferenças.

Ignorar que os conflitos existem é comumente uma decisão que muitos julgam como sendo o melhor remédio; no entanto, não propiciam a busca da resolução ou da integração, provocando o aparecimento de outros e novos conflitos que, quando o ciclo persiste, também ficarão sem abordagem e solução. É uma bola de neve. É um caminho fácil para se evitar o aborrecimento e também é um caminho fácil para não evoluir.

Dificilmente paramos para reavaliar um desejo, principalmente se já foi satisfeito e, neste caso, partimos para o próximo desejo. Assim é a mente humana.

Um dos motivos para buscarmos explicitar os desejos de cada lado de um possível conflito é exatamente este: induzir a uma reavaliação verdadeira do que realmente desejamos. Toda vez que somos perguntados acerca do que desejamos, é uma oportunidade que temos para reavaliar se ainda desejamos a mesma coisa. Esta é uma forma de avaliarmos nosso progresso, mediante constante reavaliação dos nossos desejos.

O caminho da formação de equipes e grupos, quer seja no trabalho, quer seja na vida de maneira geral, passará pela busca de mecanismos que permitam que as pessoas lidem com negociações e conflitos que, invariavelmente, acontecerão. Entre diversas possibilidades, Follett nos brinda com a perspectiva da integração de interesses, tirando o foco do conflito em si, entendendo que as diferenças individuais existem e buscando direcionar a atenção para o estímulo da criatividade e do consenso em torno de alternativas jamais pensadas.

Sem dúvida, é um caminho muito mais saudável e que permite aos lados envolvidos concentrarem suas energias para o aspecto positivo da discussão, esquecendo toda e qualquer diferença de cunho estritamente pessoal. Obviamente, nem toda questão pode ser resolvida desta forma, quando duas ou mais partes desejam a mesma coisa, como, por exemplo, a mesma casa naquela mesma rua, a mesma mulher para ser sua esposa, dentre outras escolhas excludentes.

Não obstante, mesmo nesses casos, o bom senso, e o interesse pela busca da melhor solução para as partes, ainda é a ação que deve imperar.

Com a constante reavaliação dos nossos desejos perante conflitos existentes, poderemos atingir novas e inesperadas soluções.

Quando reavaliamos os nossos interesses, propiciamos um novo alinhamento no grupo que estamos. Mais facilmente abrimos mão de uma determinada posição, uma vez que a nossa opinião, movida por outro interesse, já se modificou.

Observar o alinhamento entre partidos políticos é um exercício que demonstra claramente este aspecto. Quando os interesses mudam, rapidamente o voto de cada partido se modifica, pois uma nova luz foi jogada sobre o mesmo problema. O que era contra, torna-se o maior apoiador e vice-versa. Isso acontece naturalmente na política e nem percebemos. É a prova de que podemos constantemente buscar enxergar um problema sob outro ângulo se constantemente reavaliarmos o nosso ponto de vista e os nossos interesses.

A constituição de grupos vencedores não é tarefa fácil, tampouco rápida. É trabalho minucioso e realizado por gestores com profundo afinco ao longo de meses e anos. Após este período de estiagem, as organizações poderão começar a realizar a farta colheita de resultados, até lá, é cuidar do dia-a-dia, com ações e atitudes. Caso contrário, todo o trabalho poderá ser jogado fora, isto é, saídas de empregados valiosos, demissões, novas contratações, entre outros fatores que modificam o cenário de uma equipe ao longo do tempo, podem vir a comprometer os objetivos almejados.

Com a mudança para a centralização das decisões, o poder automaticamente hierarquizou-se e migrou para as mãos de poucas pessoas. Como tal, a ALMA VAREJISTA jogou por terra todo o trabalho que desenvolveu ao longo dos anos quando, de maneira eficiente e natural, cultivava e praticava os conceitos e as tendências da administração participativa em suas operações.

As equipes e seus conflitos passaram a ser resolvidos por simples normas e procedimentos. O ambiente de trabalho começou a se degradar. Onde antes prosperava cooperação e compromisso em prol da organização passou a existir o crescimento de conflitos de interesses pessoais e organizacionais.

Pior, o mecanismo de solução de conflitos vigente constituiu-se mediante o uso de hierarquias e poder. O que antes era resolvido pela comunicação, por reuniões e consenso, transformou-se no uso unilateral da autoridade.

Se desejarmos obter cooperação de nossos empregados, não parece boa idéia usarmos do poder; este só estimula a sensação de "ser obrigado" e causa, geralmente, ressentimentos que acabam por separar ainda mais as pessoas.

Ao contrário, devemos buscar vender os benefícios e não a tarefa; envolvê-los nas decisões e não simplesmente comunicá-los; ajudá-los a enxergar os desafios e dizer-lhes com sinceridade que eles são importantes para o alcance das metas.

Quando envolvemos as pessoas vendendo os benefícios, quando ouvimos constantemente e, principalmente, quando damos liberdade de ação focando nos resultados e não nos métodos, estamos, conscientemente, desenvolvendo uma equipe de trabalho sem igual.

Se você quer desenvolver uma equipe vitoriosa, siga estes três passos e você terá uma equipe comprometida com você e com os resultados da empresa:

- 1º passo: envolva as pessoas vendendo os benefícios do projeto ou da idéia;
- 2º passo: ouça constantemente as pessoas;
- 3º passo: dê liberdade de ação focando nos resultados e não nos métodos.

RETENÇÃO DE EMPREGADOS

Quanto custa perder um profissional para a concorrência? Depende muito da política de investimentos das empresas. Em geral, chegou-se a cifras altíssimas. Ao invés de as organizações gastarem cada vez mais na obtenção de novos empregados (que também é essencial), deveriam reservar parte deste investimento para a manutenção dos que têm.

Desenvolver programas que permitam aumento gradativo da satisfação das pessoas com a organização é de suma importância. São as melhores defesas contra a concorrência ávida pelos seus empregados. Pessoas qualificadas estão ficando cada vez mais difíceis de se encontrar. É melhor olhar para os que já conquistamos com profunda atenção, custa menos e os resultados para a empresa são muito maiores e tangíveis.

As organizações varejistas, quando optam por centralizar ou descentralizar suas atividades, indiretamente estão brincando com a manutenção ou saída de pessoas de suas empresas. O que leva uma pessoa a decidir deixar uma organização? A resposta para essa pergunta guarda na sua essência o segredo da satisfação de um empregado precioso. Não se pode fechar os olhos para essa resposta.

Nos dias de hoje, com o incremento da concorrência em torno dos melhores, dos verdadeiros talentos humanos, os líderes, gestores e executivos passam pelo mesmo triste ritual, o da despedida de um empregado precioso. Para os que desenvolveram suas equipes, articularam seu entrosamento, investiram na formação dos seus talentos, é um momento, no mínimo, muito estranho e decepcionante.

O sucesso das organizações no futuro dependerá num certo sentido dos líderes que realmente sustentem na prática a visão de que sem a valorização das pessoas não há crescimento.

Esses ditos líderes serão maestros, não chefes; serão facilitadores, não comandantes; serão flexíveis e incentivadores da discordância saudável. A fase do *"yes man"* já foi. Saber ouvir é melhor do que falar. Entretanto, a maior habilidade desse líder imaginário (será?) é de auxiliar no despertar e no desenvolvimento do talento das outras pessoas.

Com liberdade e incentivo, as pessoas se sentem mais seguras para irem além dos seus limites e o resultado desta ação para as empresas é o possível alcance de novos patamares de sucesso.

Estamos certos de que o caminho do sucesso empresarial passa pelo estímulo ao desenvolvimento das pessoas e pelo incentivo ao incremento de suas habilidades dentro das organizações.

As características elucidadas para o gestor moderno, para o dirigente antenado com as técnicas contemporâneas de gestão e, sobretudo, para o líder de hoje e amanhã, retratam a árdua tarefa que estes possuem para valorizar e reter seus talentos humanos.

As organizações devem buscar mecanismos que permitam motivar, desafiar e reter seus empregados ao longo do tempo. Não adianta correr atrás da manutenção de um funcionário quando ele já foi assediado, sua cabeça já estará a mil por hora, repleta de planos e visões fantásticas do futuro.

Por que os executivos não fazem nada ao longo do tempo em que o empregado se encontra na organização? Por que ser reativo? Por que esperar para ver o que outras empresas farão? As pessoas e empresas costumam atuar habitualmente de maneira reativa, buscam mudanças e soluções milagrosas em momentos em que simplesmente não cabe este tipo de ação. Não deveríamos aprender com os erros e mudar, como diz o senso comum? Por que não conseguimos empregar este singelo pensamento?

Quando tomamos consciência dos nossos limites e aprendemos a aceitar os desafios que nos são apresentados, sem lutar contra eles, poderemos atuar em nossas questões como responsáveis e agentes da mudança, e não como vítimas, reagindo em função de uma provocação vinda do meio externo, isto é, dos outros, das circunstâncias, do aumento do dólar ou qualquer outro motivo esfarrapado.

É inevitável. O índice de retenção de um empregado que foi assediado é mínimo, por diversas razões e nobres desculpas. As empresas nada fazem para preservá-los, muito pelo contrário, a omissão é fator determinante para que busquem novas organizações.

Quando esses talentos vão embora, vem o recomeçar, vem a sensação de perda e de decepção, desenvolvemos uma postura contrária à pessoa, nada mais que ela tenha a dizer depois de anunciada a possível mudança nos interessa ouvir, descartamos tudo imediatamente.

No fundo, começamos a procurar outra pessoa, apesar das tentativas de resgatar o empregado. É como se colocássemos uma divisão intransponível, antes e depois do anúncio da saída. Aonde chegaremos com essa atitude? Não parece mais óbvio desenvolvermos atividades e ações que incentivem a satisfação e o compromisso do empregado com a organização? Se sim, por que não o fazemos?!

A prática traz a perfeição; sendo assim, vamos parar de falar e reagir ao sabor dos acontecimentos. Pratiquemos constantemente a excelência no ambiente de trabalho, o respeito pelos valores e pelas expectativas dos empregados, desenvolvamos verdadeiras oportunidades de carreira, treinemos, conversemos e comuniquemos em todos os instantes, realizando uma verdadeira gestão participativa!

Se não podemos equiparar propostas financeiras, então devemos produzir um ambiente profissional tão saudável e cativante que será difícil dar as costas para isso. Quanto vale este ambiente? Talvez não compense ganhar mais financeiramente e partir para um ambiente de trabalho não tão saudável e cativante. Vamos refletir e, imediatamente, agir.

Seguindo pela vertente do autoritarismo e das punições não há solução para a questão dos relacionamentos interpessoais. Invariavelmente, os objetivos organizacionais e os dos empregados acabam ficando mais e mais distantes.

Com isso, ampliam-se os atritos, os antagonismos e o desperdício de talentos. É fatal: o compromisso com a empresa acabará diminuindo.

Afinal, se refletirmos, o que de fato vem a ser o estímulo à participação, cooperação, união no ambiente de trabalho? Como isso afeta, sobremaneira, os resultados organizacionais e, por conseguinte, a perspectiva de retenção de empregados?

Quanto mais degradado um ambiente de trabalho tornar-se, maior será a facilidade de funcionários irem embora, por melhor que seja o retorno econômico para o empregado. Ninguém suporta ficar muito tempo num ambiente tóxico ou em que se sinta sugado. Por um motivo ou outro, a saída é previsível.

A ALMA VAREJISTA presenciou a saída de diversos profissionais, outrora seus executivos-gestores e principais responsáveis pelos resultados da empresa. Este êxodo ocorreu principalmente pela mudança na política de autonomia e decisões nas diversas lojas do grupo.

Com uma atuação sempre caracterizada pela descentralização das decisões, ficando a cobrança estritamente voltada para resultados financeiros e pouca intervenção nos processos, os gestores possuíam autonomia. O que eles fariam para atingir as metas era de total domínio e escolha exclusiva deles mesmos.

Neste cenário de autonomia, os gestores poderiam ser entendidos como verdadeiros presidentes/diretores de suas lojas. Eles definiam tudo. Montavam e desenvolviam suas equipes, resolviam questões de mercadorias, preços, entrega, estoques entre outros aspectos.

O nível de satisfação e o de motivação com o trabalho eram altos. De certo modo, eram donos dos seus próprios destinos. Essa sensação por si só era motivo mais do que suficiente para gerar altos níveis de compromisso, satisfação e dedicação completa ao sucesso do negócio.

Com a mudança estratégico-gerencial ocorrida nos últimos anos, esses mesmos executivos se depararam com uma realidade muito diferente. Observaram toda a sua autonomia escorrer pelos seus dedos para as mãos de poucas pessoas na matriz da empresa.

Nesse momento, tornaram-se meros executores de procedimentos e regras, sem participarem das definições. Literalmente, executavam algo que muitas vezes discordavam solenemente em função do conhecimento que tinham acerca dos seus clientes e das necessidades dos mesmos. Uma decisão tomada a milhares de quilômetros de distância dos clientes poderia conter graves e desconcertantes erros para a imagem institucional.

Desta forma, o nível de motivação e satisfação bem como o bojo das atividades destes gestores se modificara completamente. Passaram a ser garantidores da implantação de determinados padrões estipulados pela matriz, sem envolvimento na definição, sem envolvimento nos aspectos mais importantes do negócio (definições de preço, mercadorias, estoques etc.). Com esse novo cenário em tela, procurar novos horizontes mostrava-se como um bom caminho a ser seguido.

Além disso, neste mesmo período de perdas de empregados, a ALMA VAREJISTA amargou estagnação nas vendas, ao passo que o seu principal concorrente coletava crescimentos expressivos. Se existem relações entre esses fatores ninguém tem como afirmar. Entretanto, os indícios são fortes de que o pouco caso e mínimo esforço na manutenção dos seus gestores outrora eficientes transformaram-se em argumentos irrefutáveis a favor da importância deste aspecto gerencial.

Por tudo isso, a ALMA VAREISTA foi inábil na tentativa de manter empregados em sua organização, empurrando-os para a concorrência que, calorosamente, agradeceu. Se essa visão não se modificar nos próximos anos, quantos empregados a empresa conseguirá manter? A resposta para essa pergunta é fundamental para a sobrevivência e a competitividade da organização.

Se você quer manter os seus empregados motivados e satisfeitos, desenvolva programas capazes de permanentemente estimular o seu desenvolvimento:

- ouça-os freqüentemente;
- crie condições para que compreendam o seu papel funcional e se sintam importantes para os resultados da empresa;
- remunere-os com base em seus resultados e da relação destes com os da empresa;
- preocupe-se com o lançamento de novos desafios;

- deixe a sua porta sempre aberta e aja em conformidade com esta atitude;
- venda o que você pode efetivamente realizar;
- se prometer, cumpra.

COMO TRANSFORMAR CONFLITO EM COOPERAÇÃO

Cada vez mais a competição acirrada, de forma predatória, e a necessidade por resultados imediatos provocam uma verdadeira revolução nas relações interpessoais. Muitas pessoas já perderam a noção do que é um convívio saudável e simplesmente se concentram em chegar na frente a qualquer custo. Como conseqüência natural surgem diversas arestas que podem comprometer o bom relacionamento dentro das empresas.

Algumas das mais comuns são: não conseguir enxergar honestamente o ponto de vista do outro e pensar que estamos certos o tempo todo; dificuldade em aceitar as diferenças existentes sem querer "formatar" a outra pessoa ao nosso jeito; não prestar atenção nos outros, não saber ouvir com empatia e atenção e cultura por resultados a qualquer custo. Desta forma, acabamos criticando e condenando as idéias dos outros a maior parte do tempo, eliminando assim qualquer possibilidade de cooperação.

Temos o hábito de criticar mais ou de elogiar mais? Criticar é muito fácil e não custa nada. Elogiar exige, no mínimo, observação, autoconfiança e o desejo verdadeiro de contribuir para o crescimento da pessoa.

Como escreveu Dale Carnegie em seu *best-seller Como Fazer Amigos e Influenciar Pessoas,* mais atual do que nunca após 60 anos: "A crítica é fútil, porque coloca um homem na defensiva, e, comumente, faz com que ele se esforce para justificar-se. A crítica é perigosa, porque fere o precioso orgulho do indivíduo, alcança o seu senso de importância e gera o ressentimento".

Muitos dizem: "São críticas construtivas!"; ora, críticas são críticas e nada mais. Também não estou dizendo que devemos a partir de agora sermos todos *zen* e não criticarmos mais nada. A forma com que abordamos as diferenças é que leva às divergências, aos conflitos e à falta de cooperação entre as pessoas. Ficam ressentimentos muitas vezes insuperáveis.

Este é um lado que devemos considerar e investigar. O dia-a-dia nos apresenta inúmeros sinais de como o "clima" está na empresa. Quando temos um ambiente onde existem muitos conflitos, pouca cooperação, baixa motivação e comprometimento e a produtividade está em queda ou constante no mesmo patamar, ou ainda algum desses fatores isolados, podemos imaginar que existe alguma dificuldade na comunicação e na gestão do dia-a-dia, pois não é para ser assim.

Muitos gerentes possuem o foco na parte técnica, nos processos, e pouco nas pessoas, pois a sua formação é essencialmente técnica e pouco comportamental; assim, querem mais controlar do que liderar. Querem é mandar e demitir, pois isto é fácil de fazer. Difícil é conduzir uma gestão que reconheça e desenvolva a capacidade das pessoas e contribua para a melhoria do ambiente de trabalho e produza resultados efetivos e duradouros.

Acredito que mudar a mentalidade do técnico para o comportamental e/ou desenvolver habilidades mais comportamentais, como conseguir trabalhar em equipe, comunicação, venda de idéias, elogiar e não somente punir, lidar com os conflitos de forma positiva, liderar, e outras, é o que os gestores de hoje deveriam buscar. Assim, o ambiente de trabalho vai melhorar, a cooperação entre as pessoas vai crescer em função da mudança de atitude e, com isso, a produtividade das equipes aumentará. A conseqüência é que os resultados nos negócios tendem a subir.

O mais importante é que uma vez que se tenha identificado alguma questão a ser trabalhada, é fundamental a existência de um plano de avanço e comprometimento para segui-lo, pois só com ação e compromisso é que as coisas mudam e evoluem. Caso contrário, continuamos falando e falando sobre as questões e nada fazemos para mudá-las.

Muitas pessoas perguntam se é possível reverter um quadro ruim de relacionamento. Para revertermos uma fragilidade no relacionamento, seja pessoal, seja profissional, precisamos primeiro "querer" fazer isso. Precisar não é suficiente, pois não durará muito tempo, e, quando a necessidade passar, voltaremos a fazer do mesmo jeito. Quando realmente queremos, as coisas acontecem.

Para isso, temos que mudar a nossa atitude. Pergunte-se: eu preciso mudar essa relação? Eu quero mudar essa relação? Eu posso fazer algo para transformar esta situação? Eu vou fazer isso?

Se a resposta for positiva para as quatro perguntas, estamos preparados para mudar e reverter o quadro. Sem a nossa mudança de atitude, não há mudança nos relacionamentos. É muito fácil querermos mudar o outro, quando, na verdade, temos que começar por nós mesmos.

É importante termos bem claro que devemos buscar harmonia e bom convívio sem perder a noção de que onde não existem conflitos não há evolução, não há transformação. O conflito, de forma simples, é algo que supostamente separa duas opiniões em torno de um mesmo assunto. Eu penso uma coisa, você pensa outra. Existe um conflito de opiniões e o desdobramento mal conduzido disso pode ser catastrófico para a relação e para a empresa.

Quando não existe conflito, quando duas pessoas concordam sobre o mesmo assunto, muitas vezes pode significar uma tremenda mesmice, é melhor deixar como está do que "brigarmos" por uma mudança. Este sentimento é fatal para uma equipe. Quando mudamos a nossa ótica de enxergar os conflitos, estamos prontos para reverter a situação e transformá-la em cooperação.

O que você pode se perguntar neste momento é: "Tudo bem, concordo; agora, como faço isso?" Uma dica é começar a ficar mais atento com as suas atitudes e gestos e, antes de criticar uma idéia, uma opinião de outra pessoa, pare e pense: o que eu faria se estivesse na situação dessa pessoa? Desta forma, com uma análise sincera e ponderada, conseguiremos ver um pouco mais o ponto de vista do outro e diminuiremos cada vez mais as nossas críticas que não ajudam a obter a cooperação e ainda provocam ressentimentos nos outros e, em várias situações, em nós mesmos.

A forma como lidamos com o conflito é que faz toda a diferença. Todo conflito apresenta uma oportunidade de enxergarmos o ponto de vista do outro e percebermos se faríamos o mesmo caso estivéssemos no lugar dele. Se agirmos assim, os conflitos começam a ter um lado extremamente positivo, pois podem ser ótimas oportunidades para mudança de percepção, inovação na empresa, cooperação entre as pessoas e, principalmente, estímulo para que aconteça maior sinceridade nas relações interpessoais.

Se você deseja mais cooperação na sua empresa, na sua equipe, seja o primeiro exemplo e desenvolva programas capazes de sustentar esta mudança na forma de lidar com os conflitos:

- antes de criticar uma idéia, tente olhá-la do ponto de vista da outra pessoa;
- escute a idéia/opinião até o fim e busque alguns pontos de concordância;
- comunique de forma clara e tranqüila;
- tenha mais consciência das suas reações e comece a viver mais de ação do que de reação;
- saiba que o conflito é algo bom, é uma oportunidade de enxergar uma situação de outra forma, não fuja dele e sim aprenda a lidar de forma produtiva.

HUMANIZAÇÃO NAS EMPRESAS

Tudo que acontece ao nosso redor precisa de alguma forma ser processado e trazido para a consciência, ou seja, para o nosso mundo interior. Não existe transformação sem este passo.

É como seguir uma dieta e perder dez quilos. Depois de algumas semanas, você engorda tudo de novo, por quê? Porque certamente você não trouxe este desejo de emagrecer para a sua consciência e, como tal, repetiu um velho padrão alimentar. Como sair disso? Processando no seu interior este desejo de emagrecer. Vivendo isso, sentindo-se mais magro, visualizando-se assim. Quando você menos perceber, já incorporou este hábito e este novo padrão visual.

Como escreveu Osho, um professor indiano e considerado um iluminado em todo o mundo, a semente está absorta na terra e daí surgem as árvores. É um processo de dentro para fora.

As palavras do Osho nos remetem a um ponto crucial deste trabalho. Como estas palavras poderão ajudar-nos em nossas empresas? De nada adiantará dedicarmos nosso tempo e esforço ao que conhecemos hoje como sendo a tradução do conceito de gestão de pessoas, se, no fundo, queremos moldar todas as pessoas aos nossos valores e crenças, pois não aceitamos as pessoas como elas verdadeiramente são. Não nos conhecemos, e assumimos que sabemos o que é melhor para todo mundo.

Se não sabemos como "liderar" as nossas vidas, como faremos para liderar as vidas de outras pessoas? Primeiro precisamos cuidar de nossa "semente", e só depois de transformarmos a nossa própria árvore, teremos condições de auxiliar o próximo.

Investimos o nosso tempo nos empenhando em formar equipes, promover integração no ambiente de trabalho, realizar avaliações de desempenho. Contratamos pelo currículo e pela competência escrita num papel e demitimos pelo comportamento!

A essas e a várias outras ações tão corriqueiras aos executivos atuais, temos chamado de gerenciamento de pessoas! No fundo, não damos espaço para o verdadeiro crescimento dos empregados. A mudança vem de dentro; caso contrário, nada é transformado, é só uma fachada bonita que, com o tempo, virá abaixo.

Esses e outros aspectos da chamada gestão de pessoas são altamente aceitos nas organizações hoje. Todavia, são falsos quando falamos, verdadeiramente, em investir no crescimento e no desenvolvimento das pessoas.

Incentivamos as pessoas a realizarem cursos que visam a aumentar seus conhecimentos técnicos, de inglês, informática, marketing etc., e o que levamos em consideração na hora de resolvermos se continuaremos com alguém em nossa equipe são fatores puramente comportamentais: "Fulano não sabe liderar!", "É incapaz de trabalhar em equipe!", "Péssima comunicação e relação interpessoal!"

Qual a razão de não incentivarmos que as pessoas invistam mais tempo e dinheiro em treinamentos comportamentais, afinal de contas, este caminho guarda a essência do sucesso? O que é melhor para empresas, treinar um funcionário num aspecto comportamental ou demitir e recomeçar tudo de novo com um "novo-alguém-com-currículo-perfeito"?

Enquanto executivos, precisamos dar condições para que os nossos empregados busquem a expansão de consciência. Somente assim, conhecendo-se melhor, estaremos incentivando estas pessoas a tomarem melhores decisões, podendo fazer suas próprias escolhas com consciência, assumindo a responsabilidade pelas mesmas e conduzindo os seus próprios processos de mudança.

Os resultados empresariais advêm do sucesso das pessoas. Precisamos ir além do discurso motivacional, pararmos de falar sobre a gestão de pessoas e sim, efetivamente, praticá-la. A transformação das pessoas vem de dentro de cada um e não de sinais externos.

Qual o sentido de motivarmos alguém a fazer alguma atividade, se, no fundo, esta pessoa não está feliz realizando o que faz? Ela executa sob pressão, ela faz, pois precisa sobreviver. Ela faz por isso ou aquilo e não por opção verdadeira. Ora, o que vale este falso motivar? O que esperar disso?

Precisamos quebrar os paradigmas do passado e estimularmos que cada pessoa busque a sua própria expansão de consciência. Somente assim, teremos empregados conscientes e responsáveis pelas suas opções e buscando prazer e felicidade para a sua vida, quer seja no trabalho, quer seja na sua vida pessoal.

Gerir pessoas hoje precisa ser entendido como uma ação capaz de criar espaço e apoio nas organizações para o autocrescimento, para o autodesenvolvimento e para a busca da expansão da consciência. Somente assim conseguiremos incentivar a verdadeira transformação nas empresas, isto é, formar equipes com pessoas que desejam ser felizes e obter prazer com o que fazem por opção própria e com consciência dos seus atos.

A partir daí, a relação desta pessoa com o seu mundo se transforma, começa a perceber sinais que antes não via, começa a observar a vida com outros olhos e com outro entendimento. Começa a assumir a responsabilidade pelo seu destino e pelas suas escolhas. O mundo adquire um novo sabor e novas cores. É como um analfabeto adulto que aprende a ler e escrever, é um novo mundo que surge, onde tudo é alegria e celebração.

Como escreveu Lao Tzu, uma jornada de mil milhas começa com um simples passo, é uma questão de atitude, escolha e consciência.

As atitudes são os verdadeiros agentes das mudanças em nossas vidas. Elas determinam como lidamos com os nossos relacionamentos, as nossas crenças no trabalho, em família, dentre outras. Tudo começa com uma atitude. Sem uma atitude, não saímos do lugar. Se, por exemplo, não sei jogar futebol e desejo aprender, como se dá este processo?

Primeiramente, preciso predispor-me a aprender a jogar futebol; neste caso, o simples fato de desejar aprender poderá bastar para que eu procure um lugar onde possa aprender. Escolhido o lugar, feito a minha inscrição e definidos os meus horários, começo a praticar na freqüência escolhida.

Após algumas semanas de prática, não tendo faltado nem chegado atrasado, certamente a minha habilidade para jogar bola melhorará substancialmente em relação ao momento que iniciei, você concorda?

Pois é, tudo começa com uma atitude (desejo de aprender a jogar futebol). Se esta atitude for consistente e verdadeira, buscarei conhecimento (onde posso aprender a jogar futebol? Quais são os horários? Em que dias da semana?) e começarei a praticar (prática). Com o tempo, desenvolverei uma habilidade.

Tudo na nossa vida acontece dessa maneira, começamos com uma atitude, buscamos conhecimento, praticamos e, com o tempo, uma nova habilidade se aperfeiçoa ou nasce. Este é o ciclo do autodesenvolvimento descrito pelo escritor Dale Carnegie em sua metodologia de treinamento comportamental.

Não há dúvida de que toda transformação necessita de um impulso para acontecer, seja ela uma reação, seja uma vontade expressa com muito afinco. Atitude é a mola propulsora da mudança e ela vem do coração e da mente de cada um. Um sinal externo pode incitar o surgimento de uma atitude; no entanto, se ela não for verdadeira, se não for uma atitude que venha do coração, não durará ou então o estímulo exterior precisará estar sempre presente para que ela aconteça, criando uma dependência.

Ações de transformação que dependam de algum fator externo não são verdadeiras ações, pois mais cedo ou mais tarde, com a ausência deste fator, quem está dependente não saberá o que fazer e, certamente, procurará outro fator externo para ir adiante, seja ele qual for. Ninguém precisa crescer com este referencial em mente. Como sair disso?

Desenvolvendo a nossa autoconfiança e assumindo a responsabilidade pelas nossas atitudes. Os gestores devem buscar estimular este desenvolvimento em suas equipes, somente assim, pela própria escolha, as pessoas conseguirão ir além em suas vidas.

Por exemplo, se queremos emagrecer, desenvolvemos a atitude de que queremos ser magros, começamos a pensar como será a nossa vida enquanto uma pessoa magra, das coisas boas que podemos conquistar com esta mudança e, imediatamente, a nossa mente estará repleta de pensamentos positivos acerca do que é ser magro.

À medida que, a cada dia, estes pensamentos se renovem dentro de nós, não há dúvida de que as nossas escolhas serão diferentes do que escolhíamos antes e, como tal, os resultados também serão outros. Assim, criamos um novo hábito em nossa vida (nutrição, exercícios etc.). Uma vez consolidado, "nós nos tornamos ele", até que resolvamos mudar a nossa atitude em relação a alguém ou a alguma coisa e o ciclo da mudança se reinicia.

Deste modo, quando as pessoas começam a se conhecer mais, a perceber suas nuances de humor, motivação e, principalmente, começam a se aceitar como realmente são, percebem que suas atitudes influenciam seus pensamentos e que seus pensamentos a levarão a experimentar exatamente o que acreditam.

A partir desse ponto, tudo se resume a fazermos nossas escolhas com consciência, assumindo a responsabilidade pelas mesmas. Expressar as nossas emoções, dar vazão aos nossos sinais internos e assim comunicar com transparência e clareza o que está acontecendo conosco. Somente assim, com este espírito, é que conseguiremos provocar o avanço dos gestores e dos empregados na direção da verdadeira formação de grupos de trabalhos e equipes vencedoras – indo além das diferenças individuais e que muitas vezes parecem intransponíveis. Considerando a gestão de pessoas, estas questões parecem ser resolvidas com programas de motivação e de integração. Será?

Como conseguiremos transformar uma pessoa que não gosta de trabalhar com alguém, seja lá por qual motivo for, com simples programas de desenvolvimento e tapinhas nas costas?

Parece claro que esta mudança só ocorrerá quando as duas pessoas começarem a se perceber mais, a se conhecer melhor e, além disto, começarem a se permitir respeitar mutuamente, pois cada pessoa é de um jeito, sendo única e completa do jeito que é. Diz a sabedoria popular que todo mundo sabe que é impossível mudar alguém; ora, qual a razão de continuarmos tentando operar este milagre?

João é de um jeito independente e autônomo em suas escolhas, conhece Maria que se sente dependente e cobra que João compartilhe mais suas escolhas pessoais. João e Maria se casam. Como acaba este romance? Vocês acreditam que o João começará a dividir as escolhas dele com Maria ou que seria mais provável Maria aceitar João como ele é e vice-versa? Ou ainda, eles vão separar-se pela falta de compreensão?

Assim como João e Maria, contratamos empregados para as nossas empresas e imediatamente começamos a querer formatá-los para a nossa forma de pensar e de agir. O que vocês acreditam que acontecerá com este empregado?

Precisamos dar condições e espaço para que as pessoas se autodesenvolvam com o que acharem mais apropriado para elas mesmas, quer sejam ferramentas de motivação, treinamentos presenciais, terapia tradicional, quer sejam outras terapias mais holísticas... O nome, o método e o local não são relevantes, mas sim o incentivo para a busca incessante da expansão da consciência e do autoconhecimento.

Neste processo, é fundamental contar com pessoas que consigam ser elas mesmas em todas as situações, que consigam dizer um não sincero e com muita calma e paz de espírito. Não se deve simplesmente acatar o que os outros desejam ao se sentir desconfortável em recusar um convite ou emitir uma opinião contrária para não magoar a outra pessoa.

Quando nos conhecemos e aprendemos a nos respeitar em primeiro lugar, conseguimos, na maioria das situações da vida, expressar as nossas emoções e os nossos sentimentos e nos colocamos com propriedade em todos os momentos, quer sejam de trabalho, quer sejam em nossas casas.

É um processo transformador e cuja energia propulsora advém da busca de nós mesmos, do autoconhecimento e do caminho da expansão de consciência. É uma sabedoria que já possuímos, normalmente não é preciso que ninguém de fora venha dizer-nos o que fazer.

A gestão de pessoas busca este entendimento. O ser humano é complexo e composto de várias camadas interligadas, uma não existe sem a outra.

Humanizar uma empresa é sinônimo de abraçarmos, verdadeiramente, o ser humano como ele é, aceitarmos as suas limitações e incentivarmos as suas superações. Agindo assim, estaremos dando um passo gigantesco em prol da real gestão de pessoas. Até hoje, a gestão tratou de alguma ação que a empresa deseja que um empregado realize ou de alguma mudança que a empresa quer que o empregado faça, escondida atrás de um nome bonito e pomposo.

Isso já se foi, advém da época do fordismo e do período em que se entendiam os seres humanos como sendo iguais em performance no trabalho, caso seguissem os mesmos passos e procedimentos.

Precisamos parar de querer mudar as pessoas. Cada pessoa sabe o que é melhor para si mesma e, ao assumirmos que sabemos o que é melhor para outrem, pensamos saber o que é melhor para a empresa.

Quando respeitarmos os empregados e as pessoas como eles realmente são, e dermos espaço para que trabalhem consigo próprios – para que se conheçam – aí sim, rumaremos no caminho da humanização das empresas.

É uma enorme quebra de paradigma, se comprarmos a idéia e começarmos agora a desenvolver nossa atitude e pensamentos, que, com certeza, nos trarão frutos no médio prazo em nossas organizações.

Investir e dar espaço para o crescimento das pessoas é algo valioso e não há erro, estas são as palavras de ordem neste novo mundo em que vivemos.

Quando incentivamos este tipo de ação em nossas empresas, criamos uma cultura capaz de superar todo e qualquer desafio. Mais do que isso, estaremos plantando sementes da felicidade em cada um. Cada semente, se bem cuidada e desenvolvida, poderá dar frutos inimagináveis para o futuro.

Esses preceitos buscam, além de um repensar de nossas atitudes, a busca pela qualidade de vida em nosso dia-a-dia. Afinal de contas, o que é qualidade de vida senão o fato de sermos felizes com o que temos em vez de vivermos reclamando (ponto negativo) do que nos falta?

Essa definição de felicidade é compartilhada por muitos, dentre eles o psicanalista Luiz Alberto Py, autor de diversos livros. Viva o presente e nunca mais sofrerá um dia em sua vida. Viva e usufrua do que você tem e jamais faltará alguma coisa na sua vida.

Podem parecer conselhos simplórios e tirados de qualquer revista de auto-ajuda, mas são frases simples e, exatamente por serem muito simples, relutamos por entender e aceitar. A vida de fato não é difícil, nós é que complicamos bastante.

Capítulo 4

Experimentação ou Realidade?

SETOR VAREJISTA E O CENÁRIO BRASILEIRO DE SUPERMERCADOS E HIPERMERCADOS

A atividade varejista caracteriza-se como um conjunto de processos de negócios que agrega valor a produtos e/ou serviços que são, posteriormente, vendidos a clientes para uso pessoal e familiar.

O varejo, em geral, sempre se apoiou em valores oriundos dos seus fundadores, que tinham como maior preocupação e foco de atuação a satisfação dos seus clientes. Era o que estimulava o princípio de suas atividades.

Os varejistas encarregam-se de determinadas funções que propiciam o aumento da demanda de consumo, como: fornecimento de uma variedade de produtos e serviços, manutenção de estoques, proporcionar serviços e realizar a divisão de grandes lotes em quantidades menores e mais propícias para o consumo.

De modo a oferecer satisfação aos anseios dos clientes, as organizações entregavam parte essencial do seu poder e controle nas mãos das pessoas que estavam na chamada linha de frente, que interagiam diariamente com os clientes e que, portanto, seriam as mais indicadas para agir em nome da empresa.

Ao lado disso, almejavam a necessária agilidade nas decisões, o entendimento das preferências e dos costumes dos seus clientes e das eventuais e rápidas mudanças de rumo, entre outros atributos exigidos para a alcançar a sobrevivência e o crescimento do negócio.

O setor varejista é cada vez mais um mundo complexo e em constante ebulição; em certos nichos, mais do que um produto, vende-se uma atmosfera capaz por si só de provocar a concretização de uma venda. Para isso, diversas variáveis estão envolvidas e precisam estar em completa sintonia e integração.

Em geral, temos a percepção de que o varejo é algo muito familiar e comum ao nosso dia-a-dia e, desta forma, raramente paramos para refletir a respeito de suas especificidades.

Muitas vezes os clientes não percebem as diversas facetas que uma decisão no varejo envolve: seleção de mercado, produtos, serviços, negociação com fornecedores, preços a serem praticados, estratégias promocionais, exibição das mercadorias, entre tantas outras variáveis que fazem parte do contexto gerencial de uma empresa varejista.

O fator humano é essencial para promover um ambiente cativante e, por conseguinte, estimular a compra por parte dos clientes. Neste sentido, a motivação das pessoas envolvidas nos processos é de extrema importância – quanto mais motivadas e satisfeitas, melhores resultados poderão ser alcançados, bem como maiores as chances de fidelizar os clientes para que retornem freqüentemente, reiniciando o ciclo.

Para atender a um ambiente repleto de desafios e mudanças constantes de cenários econômicos e culturais, faz-se necessário promover uma revolução educacional no setor varejista. O setor sempre se caracterizou pela perspectiva da "mão na massa", aprende-se fazendo e não, necessariamente, nos bancos escolares.

O preparo e a formação de pessoas que estejam antenadas com a realidade, sem perder o passo e a visão das novas tendências, são de suma importância para a sobrevivência nos negócios.

Em geral, o início dos empreendimentos advém de questões estritamente comerciais, ou melhor, o foco vem do negociante perspicaz que vende produtos e serviços de uso pessoal ou familiar aos consumidores, seus clientes. Com essa visão, são raros os que demonstram preocupação inicial com os aspectos de planejamento administrativo-financeiro, posicionamento de marca, qualificação das pessoas, mercadorias, estoques, planejamento de vendas, pesquisas de mercado, fornecedores e outros definitivos para o sucesso.

Quando este comerciante sagaz depara-se com a concorrência avassaladora, brigando por centavos e pela oferta e promessa de serviços agregados aos produtos, neste momento percebe-se o verdadeiro valor da formação acadêmica.

A educação entra como alavanca propulsora da prestação de serviços com qualidade, da percepção das necessidades dos clientes, da escolha eficaz de produtos, da visão global, "enxergando toda a floresta e não somente as árvores". A partir deste instante, retirados da sombra dos excluídos (pela falta de segurança em relação ao conhecimento que um negócio requer), os varejistas buscam respostas milagrosas que, invariavelmente, passam pela necessidade de melhor qualificação pessoal.

Nos dias de hoje, o setor varejista já demonstra sinais de convicção acerca da importância da preservação do seu ímpeto comercial, da sua propensão em assumir riscos e da sua filosofia de trabalho. Contudo, é valioso aprofundar-se constantemente em seu crescimento pessoal e profissional. Assim como os negócios na área de serviços, o varejo permanece necessitando de mão-de-obra intensiva, ou seja, os varejistas ainda precisam apoiar-se nas pessoas para execução de inúmeras atividades básicas de varejo, como compras, exposição de mercadorias, fornecimento de serviços ao cliente, entregas, recebimento de mercadorias, operações de logística interna etc.

Investir na formação adequada e sintonizada com as tendências mercadológicas do varejo é um dos caminhos possíveis para o setor. Somente boas margens financeiras não mais representam segurança contra as intempéries econômicas e dos mercados de atuação. Cada vez mais as margens diminuem, fruto principalmente do aumento da quantidade de concorrentes. Comprar bem e vender bem é essencial, porém ter serviços que diferenciem a sua marca, a sua empresa, é cada vez mais importante.

Como diferenciar um produto que lhe parece comum a todos os varejistas? Uma das respostas passa pela prestação de serviços de primeira linha. Como prestar bons serviços sem pessoas treinadas e educadas?

As empresas possuem uma missão inescapável, a realização de treinamentos que concretizem a verdadeira diferença, que saiam da mesmice e sejam factíveis de aplicação imediata no dia-a-dia. Só assim o setor se desenvolverá mais e poderá, com o tempo e persistência, apontar para novos e felizes destinos.

O setor varejista urge por pessoas cada vez mais qualificadas, sob pena de estagnar. Um país só se desenvolve com pessoas qualificadas. Pode-se ter a melhor das melhores tecnologias existentes, quem irá operá-la? Quem precisará lidar com essas mudanças constantes? Somente os melhores sobreviverão. É uma verdade inquestionável: não existem melhores sem educação.

Falar do fator humano e de educação do setor varejista brasileiro sem mencionar os esforços necessários à profissionalização na gestão é como tapar o sol com a peneira. De nada adianta investir em formação, sem a necessária mudança da mentalidade gerencial e diretiva.

Atualmente ainda engatinhamos na profissionalização do setor varejista. As grandes empresas investem muito mais e têm mais preocupação com as pessoas e processos, visando a um salto qualitativo. Entretanto, em grande parte do setor, a constituição é de pequenas e médias empresas varejistas e, sobretudo, de empresas familiares. São poucas as que realmente possuem afinidade com o setor e com os negócios.

Em geral, as pessoas que acabam no setor varejista ainda são aquelas que não conseguiram nada em outros setores profissionais, então acabaram em uma loja, aceitando um emprego no varejo. Sem preparo e motivação para tal, o que acontecerá? Certamente esta pessoa ficará neste emprego até o surgimento de outro mais alinhado com a sua vocação. Trabalhará muitas horas de mau humor, à espera do horário de ir embora.

É um setor que, após o Plano Real[1], parou de ganhar dinheiro com os juros e os constantes acertos de preços, vendo-se obrigado a investir na eficiência, na qualidade das pessoas, no atendimento, nos serviços diferenciados, dentre outros aspectos.

---
[1] Plano Econômico lançado no Brasil pelo Presidente Fernando Henrique Cardoso e estabilizou a moeda do país, o Real.

Os clientes são cada vez mais exigentes com produtos e serviços, somente preço baixo não garante mais a venda. As organizações varejistas se viram obrigadas a mudar radicalmente a maneira como realizavam negócios, sob pena de fecharem as portas; aliás, muitas fecharam.

Grandes nomes do setor encerraram suas atividades por problemas exclusivamente de gestão – não se adaptaram, não souberam se reinventar para encarar os novos desafios, continuaram brigando na guerra pelos consumidores com as mesmas armas obsoletas de ontem.

Fazendo um paralelo com os países desenvolvidos, estamos muito atrasados e precisando recuperar o tempo perdido, quando se "ganhava dinheiro dormindo". Precisamos correr, e muito rápido, para recuperar o prejuízo. E isto só se consegue com o desenvolvimento das pessoas, com educação.

Vivemos uma nova era, com novas e estranhas regras. Nunca as empresas viveram uma época com tantas escolhas e desafios. Tudo é incerteza e insegurança. Decidir a partir do indefinido e do desconhecido é estar num mundo em que o ser é mais importante do que o saber. O que você é capaz de fazer (e não o que você sabe) vale mais hoje do que em qualquer era.

Anteriormente, as empresas contratavam pelo que você sabia; hoje, elas contratam pelo que você é capaz de fazer. Onde e como você aprendeu é "problema seu". Assim é o varejo, dinâmico, explosivo e sedutor.

O caos de hoje é de fato o que diversos setores enfrentam diariamente com o acirramento da concorrência, a exigência de atuação global, a concentração de renda, novos times e jogadores entrando em campo, dentre vários outros aspectos que demandam atenção imediata.

O setor varejista tem papel essencial no marketing de bens de consumo, uma vez que se responsabiliza pela entrega do produto ao consumidor final. Da perspectiva dos fabricantes, os varejistas são uma das opções de canal de distribuição, ao lado da distribuição direta e de distribuidores atacadistas. Deste modo, o varejo compreende todas as atividades diretamente relacionadas à venda de mercadorias ou serviços ao consumidor final e para uso pessoal.

A atividade de varejo pode ser reunida em dois grupos distintos de empresas: o varejista com loja e o varejista sem loja. No primeiro, encontram-se os supermercados e as lojas de departamento que vendem produtos em suas lojas. No segundo, são empresas que realizam suas vendas via catálogo e outros mecanismos de venda direta.

Historicamente, os fatores que determinam vantagens competitivas nas empresas têm mudado: acesso e domínio das fontes de matéria-prima, propriedade dos meios de produção, tecnologia exclusiva, fácil acesso a recursos financeiros etc. Ainda que persistam como poderosos determinantes do sucesso empresarial, o processo econômico mundial tem provocado o gradual enfraquecimento do poder de influência de todos os fatores exógenos às empresas.

As soluções empresariais de hoje distanciam-se totalmente das do passado; a moda do caos, do aqui-e-agora, urge pela busca cada vez maior da satisfação do consumidor ao mesmo tempo em que a concorrência galopante desafia a sobrevivência. É uma equação de difícil equilíbrio. Errar alguma decisão pode ser sinônimo de fracassar.

Atualmente, o estabelecimento de parcerias entre empresas (fabricantes, distribuidores, varejistas, dentre outros) vem tornando-se uma estratégia efetiva e cada vez mais comum na busca por vantagens competitivas.

Olhar para a sua estrutura organizacional é desejável, a verdadeira agregação de valor está em saber utilizar os melhores recursos (financeiros, humanos etc.) em prol de estratégias empresariais condizentes com a realidade que vivemos.

O setor varejista, mais do que qualquer outro setor de negócio, sabe, como ninguém, a importância da obtenção de verdadeiros diferenciais e vantagens para os seus clientes.

O surgimento do varejo propriamente dito no Brasil ocorreu nos fins da década de 40 e início da década de 50, quando do surgimento das primeiras experiências de implantação do auto-serviço. O setor varejista passou por uma fase de adaptação e aprendizagem do mercado local.

Além das características efetivas da questão mercadológica (perfil dos clientes, poder de compra, necessidades e desejos etc.), questões legais afetavam e continuam afetando o desenrolar do setor como um todo. Barreiras de ordem legal, problemas de ordem fiscal, inexistência de vantagens de custos importantes, além das diversas tributações exacerbadas, contribuem para o funcionamento abaixo do potencial que o setor poderia almejar em um país da magnitude e das dimensões econômicas que é o Brasil.

No fim dos anos 60, com a introdução de diversas alterações na economia brasileira, surgiram condições para a expansão das atividades de supermercados, permitindo que se beneficiassem de novas regras fiscais, bem como, pelo tamanho de suas operações varejistas, contabilizassem economias de escala em função do seu poder de barganha frente aos fornecedores.

Mediante publicação de legislação pertinente, caracterizou-se oficialmente a operação de supermercados: "É o estabelecimento comercial varejista explorado por pessoa física ou jurídica, que, adotando o sistema de auto-serviço, expõe e vende no mesmo local, permanentemente, gêneros alimentícios e outras utilidades da vida doméstica". Esta legislação (Lei nº 7.208, de 13/11/68) serviu para reduzir as incertezas que rondavam projetos de investimentos em supermercados, pela falta, sobretudo, de um posicionamento e regulamentação efetiva das suas atividades.

Durante os anos 70, o setor vivenciou uma nova fase caracterizada pelo desenvolvimento e pela expansão de negócios, culminando com o redimensionamento dos tamanhos das lojas, assim como a quantidade de lojas existentes. Deste modo, obteram-se ganhos de escala e produtividade nas operações.

Nesta época, o Carrefour veio para o Brasil e iniciou o desenvolvimento do conceito de hipermercados, e também o Makro, com o conceito de supermercado atacadista.

No fim da década de 70, devido a novas políticas de controle de preços e aspectos jurídicos, desfavoráveis aos supermercados e aos hipermercados, a expansão das operações tomou novo rumo. Aquisições de lojas de outras bandeiras tornaram-se uma prática comum, também a atuação em outros e novos mercados.

Nos anos 80, o setor continuou o processo de expansão de negócios (novas lojas) e de aquisição e incorporação de outras bandeiras, apesar do aumento da recessão econômica que marcou este período. Nos anos 90, o cenário não se modificou; pelo contrário, o crescimento das operações dos super e hipermercados tem-se mostrado constante e vertiginoso.

Destacam-se, nesta última década, o advento do Código de Defesa do Consumidor e as mudanças econômicas ocorridas – em especial, a abertura de mercado e o Plano Real – bem como o estabelecimento no país da cadeia norte-americana e líder mundial no setor de hipermercados e supermercados, a Wall-Mart, que possui processos modernos de gestão e logística. Estes foram os principais influenciadores do acirramento da concorrência no setor, podendo ser considerados as variáveis fundamentais para o estabelecimento de taxas constantes de crescimento ao longo dos anos.

Com a globalização, o setor varejista também precisa adaptar-se à nova realidade dos negócios. Os supermercados, especialmente, têm evoluído no redimensionamento de suas operações, estabelecendo parcerias na área logística, terceirizando o que não é essencial, planejando mais os níveis de estoque (com nível mais reduzido), dentre outras ações.

A natureza do varejo e sua taxa de mudança estão geralmente relacionadas ao estágio e à velocidade do desenvolvimento econômico do país.

A despeito das diferenças econômicas e culturais, os mercados brasileiros mais desenvolvidos (como é o caso da região Sudeste) reproduzem as etapas evolutivas do sistema de varejo norte-americano. Vale ressaltar que a defasagem média entre um novo formato do varejo norte-americano e um brasileiro gira em torno de 20 anos.

O varejo precisa irrevogavelmente adaptar-se às mudanças que ocorrem na cultura, na economia, na tecnologia e na concorrência. As organizações varejistas e seus processos mercadológicos e internos devem ser dinâmicos no que diz respeito às nuances do ambiente externo, visando a atender aos anseios e às expectativas em constante ebulição dos seus consumidores.

Nos últimos tempos, as experiências varejistas no exterior vêm sinalizando uma nova forma de gerir, mais calcada na política de preços competitivos e na maior autonomia para os gerentes locais.

Desta forma, buscar economias de escala tem mostrado-se um caminho sem volta do ponto de vista comercial.

A instalação no Brasil de redes como Carrefour e Wal-Mart contribuiu para disseminar no varejo conceitos de vender mais e mais barato, com o emprego de tecnologias modernas. Essas e outras cadeias varejistas provocaram o acirramento da concorrência, com a conseqüente necessidade do aumento da informatização, das práticas logísticas mais eficientes, ofertas de mais produtos, marcas e serviços que antes não existiam em lojas por aqui.

Observando a evolução do setor varejista no país, percebemos que o setor se encontra na fase de consolidação, com grandes redes impondo uma escala de operações que lhes permite investir significativamente em comunicação, logística e tecnologia.

As grandes redes se destacam por operar com menores custos, o que as distancia das redes de menor porte que ainda enfrentam problemas com altos custos. Por outro lado, maior escala exige, e ao mesmo tempo permite, um quadro gerencial mais profissional. Ou seja, em um segundo momento, a escala das operações permite custos ainda menores e, por conseguinte, melhores oportunidades competitivas.

Ao longo do tempo, puderam ser observadas operações de fusões e de aquisições. Essas operações constituíram a possibilidade de um determinado conglomerado se concentrar em seu *core business*, ou até mesmo de vir a buscar uma nova área, na qual alguma *expertise* estivesse deficiente.

O setor de super e hipermercados é considerado um dos segmentos mais dinâmicos da economia, considerando a gama de variáveis que influenciam suas operações. Neste sentido, manter-se com ganhos de escala e, ao mesmo tempo, focado nas necessidades e expectativas dos clientes é o desafio que se impõe.

Segundo a revista *SuperHiper* de setembro 1991, podemos considerar um supermercado como um estabelecimento que possui faturamento mínimo de um milhão de dólares ao ano, de 1.500 a 5.000 itens em exposição, com um mínimo de três departamentos: mercearia, bazar e perecíveis, com área de vendas acima de 300 metros quadrados e de três a 40 *check-outs*.

Neste sentido, a operação de um super/hipermercado passa por diversos aspectos críticos. Todavia, para efeito da caracterização da sua dinâmica e complexidade de gestão, abordaremos alguns em especial, como:

- *Linha de produtos que serão ofertados* – cada vez mais abrangente.
- *Ambientação* – fachadas, iluminação, dentre outros aspectos, visando tornar o ambiente propício para a concretização das vendas.
- *Preços praticados* – baseiam-se na concorrência direta e indireta, nas políticas econômicas do Brasil e nos custos operacionais inerentes. É um dos fatores mais críticos no sucesso ou no fracasso de suas operações.
- *Layout* – impacta diretamente na ambientação e nas vendas.
- *Promoções* – objetiva manutenção do fluxo de pessoas nas lojas bem como estimular a rotatividade dos estoques e a fidelização dos clientes.
- *Pessoas* – mão-de-obra intensiva e normalmente despreparada. Como motivar e alcançar resultados (principalmente de atendimento ao consumidor) de maneira eficiente?
- *Localização* – determinação do local e do espaço é de suma importância. Precisam estar situados em áreas de grande circulação de pessoas e próximo de grandes contingentes residenciais.
- *Área de Compras* – comprar bem é condição básica para vender bem.
- *Marketing* – estar constantemente na mente dos consumidores e próximos de suas comunidades imediatas é essencial para a manutenção de uma operação supermercadista.
- *Gestão* – liberdade de ação para a linha gerencial é fundamental. Sem um mínimo de autonomia, os processos

podem tornar-se demasiadamente lentos e ineficazes, comprometendo a operação como um todo.

Essas são considerações e ponderações que ultrapassam meras citações de atividades; no entanto, deixam claro a complexidade e a abrangência envolvidas nas operações de organizações varejistas de supermercados.

Em essência, os supermercados/hipermercados caracterizam-se por serem organizações que sustentam suas operações nos ganhos de escala. Porém, sem o devido foco nas necessidades, nos desejos e nas tendências de consumo dos clientes, todo esse universo pode desfazer-se em pouquíssimo tempo.

Seja grande, tenha tamanho e obtenha ganhos de escala, mas seja pequeno o suficiente para entender os desejos dos seus clientes e conseguir atendê-los com agilidade e no momento certo.

ESTRATÉGIA DE CENTRALIZAÇÃO DAS DECISÕES NO VAREJO

Impulsionadas pelos efeitos da globalização econômica, as empresas varejistas viram-se obrigadas a buscar uma nova forma de atuação. Primam muito mais pela quantidade, pelos ganhos de escala, pela quantidade de canais de distribuição, pelo maior poder de negociação frente a fornecedores e distribuidores do que pela percepção das especificidades e necessidades dos seus clientes.

As regras do jogo estavam bem claras, o objetivo principal do vencedor era conquistar o maior número de pontos, mediante: volume, padronização das atividades, rapidez na implantação e na colocação de produtos nas lojas, logística, agilidade no recebimento de mercadorias e integração tecnológica com fornecedores e distribuidores, entre outras atividades consideradas cruciais para aumentar as perspectivas de sucesso perante a concorrência em determinados nichos de produtos.

Neste sentido, a centralização trouxe novamente para as organizações o sabor do fordismo e tudo o que ele representou do ponto de vista estrutural e gerencial. A operacionalização dos processos e das atividades voltou a ganhar destaque em detrimento dos objetivos dos empregados e das necessidades dos clientes.

A centralização no varejo veio ao encontro da corrida desenfreada em torno da globalização. Uma ação reforçou e estimulou o crescimento da outra.

Muito mais do que uma mudança de paradigma gerencial, a centralização tornou-se forte aliada das direções das empresas no sentido de viabilizarem os seus projetos de expansão comercial. Antes de conquistar o mundo, uma empresa precisa realizar o seu dever de casa no seu próprio jardim gerencial.

As empresas varejistas começaram a desenvolver novas formas de promoverem uma maior integração comercial e tecnológica com os seus fornecedores, visando a reduzir níveis de estoque sem perder o nível de serviço desejado. Começaram a trabalhar lado a lado com os fabricantes, como verdadeiros parceiros de negócio, em vez de se relacionarem pela perspectiva díspar.

Ao fim das contas, convenceram-se de que estão do mesmo lado e que assim os resultados e as vitórias pertencem aos dois e que juntos são melhores do que separados.

A busca pela integração e pelos ganhos de escala trouxe um caminho de novas oportunidades de negócios; por outro lado, enfatizou a maior importância dos acordos, das parcerias, dos ganhos financeiros em detrimento dos fatores humanos. Os empregados começaram, ou melhor, voltaram, a desempenhar papéis estritamente ligados à execução de procedimentos, não possuindo qualquer relevância estratégica para a organização.

Neste movimento em torno da centralização, o varejo acabou priorizando empregados capazes de implantar processos e procedimentos. As definições e as decisões estratégicas são tomadas pela cúpula das organizações sem levar em consideração, na maioria das vezes, as aspirações e as opiniões dos empregados.

O perfil de iniciativa, liderança e criatividade nos negócios não é dos mais adequados para este tipo de gestão. O empregado questionador, analisador e reflexivo acerca das ações não é visto com bons olhos e, geralmente, acaba saindo da organização em busca de outro ambiente de trabalho mais propício às suas idéias, e que valorize este perfil de atuação.

Os ganhos financeiros são atrelados às negociações com fornecedores. Com a centralização, o comprador da matriz compra para todas as lojas e não mais as lojas possuem autonomia para realizarem os seus pedidos de compras de mercadorias de forma individual.

Desta forma, o poder de negociação dos compradores na matriz aumenta consideravelmente, pressionando os fornecedores por preços mais baixos, por descontos em função dos volumes, dentre outros benefícios. Na mão inversa, nem sempre os compradores situados na matriz possuem a sensibilidade e a preocupação particular com determinada realidade de uma loja. Desse modo, equívocos acontecem, sobram mercadorias e faltam várias outras, provocando distorções nos estoques, perdas de vendas e prejuízos financeiros.

Pela ótica dos gestores de lojas, eles perdem autonomia para definir o que vendem e o que não vendem em suas lojas, uma vez que conhecem, muito melhor do que a matriz, a realidade e as necessidades de seus consumidores. Transformam-se em meros executores de ordens.

Claro, a tecnologia é o elemento fundamental para viabilizar este tipo de operação na matriz; todavia, tecnologia nenhuma é capaz de substituir a sagacidade dos gerentes de departamentos de lojas. Agir no escritório central é uma coisa; agir no aqui e agora, frente a frente com os clientes, é outra realidade bem diferente.

Em um ambiente centralizado, a tendência é que o nível de motivação dos empregados nas lojas diminua. Com o efeito dominó, pode haver comprometimento dos resultados dos mesmos empregados que, em sua maioria, são os verdadeiros responsáveis pelos êxitos alcançados pela empresa.

Esta perspectiva apresenta-se assim em função do baixo nível de autonomia nas decisões, da falta de liberdade para a criação e inovação, da transformação dos empregados em executores autômatos, do pouco espaço para o desenvolvimento das pessoas e, principalmente, pela degradação que pode ocorrer no ambiente de trabalho, visto que este ambiente não é a prioridade neste tipo de atuação.

As questões operacionais ganham novo destaque, a atenção se volta para a determinação de políticas institucionais, indicadores de desempenho e controles.

A partir daí, as empresas começam a se preocupar com a aferição e com as formas de gestão que garantam o cumprimento dessas políticas e controles. Em vez de focarem as necessidades dos clientes e a valorização de seus empregados, tornam-se obtusas e por vezes enfadonhas diante desses apelos. A cegueira financeira é tão grande nessas organizações que nada mais é considerado importante.

A padronização de determinadas áreas como logística, recebimento de mercadorias, processos internos de lojas, comunicação tecnológica entre matriz e lojas, automatização de PDVs, interligação com fornecedores e fabricantes, investimentos em sistemas de informação que auxiliem nas decisões, dentre outras, são de extrema relevância para o alcance dos objetivos globais da organização. A visão é global, isto é, observa-se a empresa como um todo, sem contudo perder a necessária agilidade local.

Quanto mais padronizados os processos se apresentarem, mais controlados psicologicamente serão os ambientes e os resultados esperados, pelo menos é isto que os gestores invariavelmente assumem.

Neste sentido, a busca pela padronização possui um efeito psicológico enorme nos dirigentes dessas empresas. Dentre seus maiores objetivos geralmente encontra-se a sensação de possuir o controle sobre as operações.

Quanto maior o número de controles e indicadores de desempenho, maior a sensação de estarem à frente do negócio, de saberem o que está acontecendo. De fato, psicologicamente, é o que ocorre. No entanto, no dia-a-dia, provoca um excesso de atividades que nada acrescentam ao negócio em si. A organização começa a caminhar no sentido de ficar mais focada na mensuração e na análise desses indicadores do que propriamente nas suas atividades-fim.

Com o tempo, esta mudança de atitude pode vir a provocar o distanciamento da organização em relação aos seus clientes e aos seus desejos. No médio prazo, pode trazer até mesmo o comprometimento de suas operações, principalmente em função das ações da concorrência.

A empresa volta-se muito – e obsessivamente – para a medição de seu desempenho em uma série de aspectos, quando, no fundo, seu foco deveria ser o atendimento das necessidades e anseios de seus clientes – estes sim, são os verdadeiros responsáveis pelo crescimento da empresa.

A estratégia de centralização privilegia e acentua o poder de negociação da empresa frente a seus fornecedores. Sem dúvida, os ganhos financeiros são expressivos, a padronização de atividades e processos facilita a expansão da empresa, dentre outros aspectos positivos desta estratégia. Todavia, não suplantam os prejuízos gerados para a imagem de sua marca a desmotivação de empregados e insatisfação de clientes, a perda de empregados valiosos para a concorrência, a degradação do ambiente de trabalho, o não atendimento às necessidades básicas de cada região onde a empresa atua (uma vez que perde o foco do cliente), tornando-se, assim, uma empresa sem calor humano. As decisões são tomadas com base nas regras penduradas nas paredes de suas salas. A inflexibilidade e a indiferença se tornam palavras de ordem.

A sedução da centralização é enorme por uma série de variáveis econômicas. Não obstante, ponderar acerca do custo/benefício desta decisão estratégica é de suma importância quando consideramos o longo prazo.

As organizações que focam e se preocupam unicamente com os ganhos de curto prazo podem vir a amargar surpresas desagradáveis. Perceber que a sociedade evoluiu e se modificou é o primeiro passo para essas organizações se sensibilizarem e repensarem suas estratégias vigentes.

Todos desejam obter ganhos de curto prazo, mas sem uma mudança cultural profunda, associada a uma visão de longo prazo, a tendência é permanecer no mesmo lugar de agora, isto é, com o foco no curto prazo, uma vez que é mais fácil pensar assim. De fato, seria a repetição de um padrão considerado vitorioso para os moldes organizacionais mais conhecidos no cenário empresarial atual.

O mundo de hoje já não comporta uma empresa que não detém um mínimo de responsabilidade social, de preocupação com a cidadania e de valorização das pessoas. Se as empresas que atuam de forma centralizada não atentarem para esta realidade da nossa sociedade, poderão amargar perdas intangíveis ao longo do tempo, capazes até de comprometerem a própria sobrevivência de suas operações.

Ter uma gestão centralizada e estar atento às tendências empresariais é algo possível e desejado. Muitos aspectos podem funcionar de forma centralizada; outros, nem tanto.

Ponderar o que é mais relevante para a organização constitui-se no que os seus dirigentes devem estar se perguntando a cada dia. Se fizerem isso, poderão lucrar com a centralização e, ao mesmo tempo, flexibilizar algumas atividades em prol da maior humanização da instituição, agindo conforme as novas tendências mercadológicas.

ESTRATÉGIA DE DESCENTRALIZAÇÃO DAS DECISÕES NO VAREJO

Descentralizar é sinônimo de delegar, de abrir mão do poder, de aceitação, de trabalhar em conjunto e calcado na confiança entre as pessoas. Não existe descentralização sem confiança, sem se desprender de paradigmas e julgamentos. Precisamos enxergar as organizações e o cenário econômico com outras lentes, com a lente das perspectivas acerca do novo mundo que se abre.

Ao contrário do que pregava o fordismo e a centralização, o pós-fordismo começou a se consolidar em muitos lugares em função da sua flexibilidade e da sua atuação calcada na compreensão do momento e das aspirações das pessoas envolvidas. Diversas técnicas gerenciais surgiram propiciando o que se convencionou chamar de "flexibilização organizacional".

Neste vale conceitual, nasceu a descentralização, movida pelo ímpeto da sociedade que exigia cada vez mais serviços associados aos produtos existentes. Neste caso, a padronização de serviços tornava-se um desafio para as empresas centralizadas, uma vez que não possuíam mecanismos internos e qualificação de pessoal para lidar e atender a estas novas necessidades. O mundo se modificou, a sociedade se transformou, e as empresas, o que elas fizeram?

Muitas organizações, em vez de repousarem em berço esplêndido, perceberam que não adiantaria lutar por muito tempo contra essa corrente da descentralização e do pós-fordismo. O caminho que precisava ser percorrido revelava-se firme e inevitável, ou seja, ou a organização flexibilizava suas operações e focava pessoas (clientes e empregados) ou estaria fadada à entropia empresarial.

No setor varejista, ainda hoje, descentralizar é sinônimo de bagunça, de perder o controle, de diminuir o poder de negociação frente aos fornecedores e de ficar exposto aos concorrentes que possuem escala de atuação.

Por outro lado, a descentralização confunde-se também com a proximidade em relação às necessidades dos clientes e dos empregados, por intermédio de uma gestão mais participativa e pelo estímulo ao envolvimento verdadeiro das pessoas.

O varejo surgiu atendendo aos anseios dos clientes e por isto se diferenciou, alcançando o sucesso e o crescimento de suas operações. Daí vem a dicotomia: após um período marcadamente fordista, em que primaram a padronização e a centralização de poder, o varejo defrontou-se com a necessidade de retornar à verdadeira vocação, isto é, à diferenciação e ao atendimento personalizado de massa, como forma de propagar suas atividades.

Na gestão descentralizada, quando abordamos o tema dos empregados, desenvolvimento e treinamento são fatores cruciais para o alcance do sucesso.

Promover e incentivar a participação, a troca de informações, a união de equipes, a descontração do ambiente de trabalho, a liberdade de ação com foco no cliente e nos resultados desejados pela direção da empresa representam, dentre outras ações, o caminho da descentralização do poder decisório.

Se por um lado as empresas perdem em poder de negociação, por outro ganham em agilidade pelas decisões que são tomadas nas pontas, sem altos níveis hierárquicos a serem consultados e sem a necessidade de pedidos de autorização daqui e dali. Buscam compreender e, na medida do razoável, atender às expectativas que se apresentam, quer sejam de empregados, quer sejam dos clientes. Entendem que o maior valor que podem disseminar é a prática corriqueira do bom senso e da objetividade nas relações e nas decisões de negócios.

Está na natureza humana a busca pela sensação de poder e de comando, do controle das coisas; só assim as pessoas se sentem bem e seguras, quando, em verdade, não ter controles rígidos não significa bagunça, falta de organização e planejamento.

Quanto menos apegados ficamos aos procedimentos e às idiossincrasias burocráticas, maior o nosso poder de criação e inovação, maior a facilidade para *think out-of-the-box*, para ter idéias originais, para quebrar paradigmas, e melhor, para transformar idéias e ações.

Quando há transformação, nós nos permitimos remodelar uma série de atitudes gerenciais, promovemos uma revisão de conceitos quando muitas vezes não faz mais sentido estarmos presos a eles.

É uma prática saudável da organização varejista pós-moderna e de gestão descentralizada reavaliar constantemente os seus conceitos, seus valores e suas crenças. Só assim poderão garantir sua reinvenção constante.

Ao contrário da centralização, a gestão descentralizada prima pela busca da superação das barreiras que invariavelmente surgem, no tocante à coordenação de atividades idênticas e realizadas em locais diferentes e por diferentes pessoas.

O desafio aqui é atender aos requisitos mínimos de serviços, sem comprometer a operação da empresa como um todo. Em síntese, é pensar globalmente e agir localmente, sem perdas no processo e com autonomia de decisão para as pessoas que, verdadeiramente, executam as atividades.

Como realizar isto? Dentro desta filosofia gerencial, a resposta está calcada no incentivo e no constante desenvolvimento de treinamentos não só técnicos, mas comportamentais e estratégicos, com ênfase nas questões práticas e situacionais.

Além desta questão de pessoas, a administração de estoques adquire novos contornos, uma vez que não são mais consolidados em um mesmo local (depósito de mercadorias como na gestão centralizada), e sim fracionados (volume e quantidade), entregues e armazenados nas próprias lojas, que possuem áreas destinadas a eles (sacrificando a área de vendas). Também um conjunto de serviços precisa ser desenvolvido antes do envio dessas mercadorias para o salão de vendas. Etiquetagem da parte de roupas, retirada dos containeres e colocação nas prateleiras, armazenagem dos excedentes, mercadorias para refrigeração, precificação dos produtos, dentre outras.

Este tipo de gerenciamento é vital para uma empresa varejista. A diferença entre o fracasso e o sucesso pode estar situada na gestão de estoques e na compra de mercadorias.

Uma questão é a quantidade necessária de cada mercadoria nas lojas; outra, bem diferente e igualmente crítica, é o que comprar. Quais as mercadorias que vendem efetivamente? Quais as que atraem clientes? O que não pode faltar de forma alguma na loja? O profissional de compras é vital. Sua visão e experiência do mercado de atuação da loja bem como conhecimento das tendências (promoções, dias especiais) tornam-se fundamentais para o desenvolvimento do sortimento de produtos e do plano de compras mais adequado para as lojas.

Na gestão descentralizada, este é um ponto extremamente positivo apesar da perda na negociação, em função de a quantidade ser direcionada para uma loja apenas. Não obstante, ninguém melhor do que a própria loja para definir o que realmente vende, o que não vende, o que dá prejuízo ou lucro pela quantidade de serviços que são agregados e necessários para a venda (departamento de açougue, padaria, vestuário e outros).

O que atrai mais clientes para a sua loja numa terça-feira? No sábado? De que produtos se pode fazer uma promoção efetiva? O que os clientes que freqüentam regularmente suas lojas desejam comprar e não encontram? Estes níveis de autonomia e de poder de decisão são fundamentais para o sucesso de uma operação varejista.

As operações logísticas tendem a ser mais simples, uma vez que normalmente são terceirizadas. Ademais, as operações de recebimento de mercadorias tornam-se mais demoradas e criteriosas, acarretando eventuais atrasos na colocação dos produtos no salão de vendas, o que impacta diretamente o giro de estoque dos produtos e, conseqüentemente, nas vendas auferidas. Filas podem ser formadas nos pátios de estacionamento para recebimento de mercadorias, uma vez que o tempo gasto para descarregar e verificar tudo é enorme. Uma alternativa é trabalhar com distribuidores e exigir-lhes padronização nos transportes das mercadorias, horários pré-agendados para entrega, volumes determinados (conforme os pedidos das lojas), dentre outros quesitos de *performance*.

Na estratégia descentralizada, sem a menor dúvida, as lojas são muito mais donas do seu próprio destino. Sentem-se proprietárias do negócio e responsáveis por suas alegrias e tristezas.

O envolvimento e o compromisso dos empregados com os resultados tende a ser elevado nesses ambientes. Muito mais do que realizarem trabalhos com que não concordam ou são obrigados a praticar em função da velha relação patrão-empregado – bem ao estilo fordista – os empregados que atuam na gestão descentralizada costumam estar mais comprometidos com os resultados da empresa, uma vez que são avaliados por isso, mas sem perder autonomia de ação e poder decisório em questões cruciais do negócio.

Os impactos positivos da gestão descentralizada nas organizações suplantam, de forma absoluta, as perdas em função da falta de escala nas negociações.

Comparar questões tangíveis e práticas com outras menos claras e nem tanto pragmáticas é algo indesejado neste momento. No entanto, no médio e no longo prazo, os resultados conquistados nos dirão com clareza e de forma incontestável o quanto este modelo de gestão está muito mais em sintonia com os anseios do estágio atual de desenvolvimento de nossa sociedade.

CASO: A EMPRESA ALMA VAREJISTA

Atualmente, a empresa ALMA VAREJISTA é um dos grandes varejistas em vendas do mundo. Tem lojas em diversos países que respondem por um faturamento da ordem de bilhões de reais, empregando milhares de pessoas. Atua, sobretudo, nos formatos de supermercados e hipermercados que correspondem à maioria do seu faturamento.

Fundada no fim do período fordista, surgiu da fusão de duas famílias de atuação na área de distribuição de mercadorias e produtos. Dez anos depois de sua fundação, adotava novas marcas para diferenciar e segmentar, claramente, os seus mercados de atuação. Surgiam, de forma despretensiosa, dois negócios distintos, de igual importância para a organização, porém com dinâmicas e necessidades específicas e, como tais, demandavam atuações distintas dentro da mesma organização.

Nessa mesma época, reafirmando seu sucesso ao longo dos últimos anos, a ALMA VAREJISTA inaugurou diversas outras lojas e diferentes formatos de varejo (supermercados, hipermercados e lojas de conveniência), operando em vários países, ultrapassando os umbrais da sua terra natal. Ao fim dos anos 70, abriu seu capital, apontando novas perspectivas para o crescimento da empresa.

No início dos anos 80, lançou o seu próprio cartão de crédito. Com esta iniciativa, começou a descortinar um conjunto de serviços agregados à operação que, por um lado, cativava mais seus clientes e, por outro, demonstrava sua tendência para outros negócios. No longo prazo, isto poderia contribuir para uma perda de foco. Confirmando sua presença na América Latina e seu processo de expansão, seguiu abrindo lojas. Ainda nos anos 80, lançou o serviço de seguros, estendendo a abrangência de sua marca para outros ramos de negócios.

Além disso, também introduziu uma marca própria para diversos produtos e consolidou sua estratégia de crescimento mediante aquisição de outras cadeias varejistas.

No início dos anos 90 – um período de furor de crescimento –, adquiriu diversas cadeias por todo mundo e, buscando agregar valor, lançou os serviços de viagens.

Comprovava, mais uma vez, a vocação por inovação e criatividade nos negócios. Se por um lado agregava mais valor à satisfação de seus clientes, por outro contribuía para uma possível perda de foco no negócio.

Na mesma época, inovando uma vez mais, lançou um serviço que permitia rastrear a mercadoria até a chegada ao consumidor. Deu continuidade à expansão em vários países.

No início de 2000, lançou seu programa global de ações para seus empregados, contando com 60% de participação. Cerca de 200.000 pessoas aderiram, demonstrando o forte apoio ao grupo e às perspectivas dos negócios.

Em 2001, prosseguiu adquirindo outras empresas e participações minoritárias em outras, consolidando sua presença mundial e a envergadura econômica e sólida do seu grupo. Em pouco mais de 40 anos, constitui-se em um grupo vencedor no setor varejista, mais precisamente supermercados e hipermercados.

Sua história é repleta de exemplos e iniciativas que se calcaram, sobretudo, na inovação, na criatividade, na agregação de serviços complementares e na afeição por assumir riscos. Qualquer que fosse o país ou o negócio, seus empregados sempre compartilharam do mesmo foco: o cliente. A sua missão: atender a todo e a qualquer cliente com profissionalismo, oferecendo os melhores preços possíveis com alta qualidade para produtos e serviços.

No Brasil, trouxe, juntamente com o pioneirismo, a visão do desbravador, a inovação. Além disso, proporcionou o incremento da competitividade no setor supermercadista brasileiro.

É inegável a trajetória de criatividade, inovação e confiança, sustentada não só pelas operações anteriores e altamente comprovada pelo sucesso vertiginoso alcançado, mas também pela participação efetiva dos empregados, comprometidos e dedicados à visão de crescimento e à missão institucional.

Muito mais do que um negócio lucrativo, a ALMA VAREJISTA é uma organização preocupada com a sociedade. Busca, a todo instante, integração com as aspirações da comunidade em geral e com os anseios de seus clientes.

Muitas das conquistas realizadas ao longo do tempo, notadamente, caracterizaram-se por seu ímpeto e pela vocação em buscar alternativas que objetivassem a satisfação e o encantamento de seus clientes.

Como em qualquer negócio, à medida que a abrangência de suas atividades e o conseqüente sucesso de suas operações começaram a aparecer de maneira mais cristalina e sólida, as motivações iniciais, quando da abertura da empresa, começaram a ficar enfraquecidas e, gradativamente, foram suplantadas pelas questões econômicas. O foco hoje é muito mais financeiro.

Ganhar em escala, tornar-se forte mundialmente – dentre outras metas pertinentes – condiz com o cenário que presenciamos nos dias de hoje. É a máxima do nosso tempo. Tamanho é documento e sinal de poder e sucesso.

A atual realidade do ambiente globalizado evidencia o surgimento de uma nova competição, não apenas a partir de concorrentes conhecidos em mercados tradicionais, mas de outras empresas que entram em setores econômicos específicos, muitas vezes nunca antes vislumbrados em suas visões empresariais. As organizações não mais se limitam às suas tradicionais bases de clientes. Empresas de tecnologia vendem mercadorias de consumo. Bancos oferecem seguros. Seguradoras intermediam créditos financeiros.

Pelo desenvolvimento da sua história, é notório que a empresa ALMA VAREJISTA sempre pautou a sua atuação pela flexibilidade organizacional, pela autonomia na gestão, independente do método ou da prática utilizada. Os gestores possuíam liberdade de ação e, como tal, prosperavam novas idéias, serviços e produtos que agregavam valor efetivo ao negócio varejista.

Os seus diretores de loja eram praticamente presidentes de empresas que faturavam milhões por ano e "davam todas as cartas" na gestão.

De fato, quando analisamos o crescimento da empresa ALMA VAREJISTA, esta situação de autonomia e descentralização de poder mostra-se em total sintonia com sua trajetória de glórias. Neste momento, cabe a indagação que não quer calar: de onde surgiu a busca pela mudança deste modelo que sempre foi uma vocação empresarial? Pressões externas? Crescimento exacerbado e descontrolado?

A motivação dos empregados sempre foi o ponto alto e parte fundamental do êxito alcançado. Sentiam-se donos do negócio e agiam como tais. Sabiam o que os clientes desejavam, conheciam os seus anseios e, não raro perceber, os chamavam pelos próprios nomes. Era uma atmosfera de cumplicidade entre empregados e clientes, estimulando soberbamente a fidelização no consumo.

Em qual contexto de gestão empresarial idéias inovadoras mostram maior tendência para nascer? Um ambiente centralizado ou descentralizado? Parece que o próprio sucesso prematuro responde a esta pergunta com extrema facilidade. Argumentações em prol da continuidade de uma gestão mais descentralizada não faltam, o que estava errado então? O que precisava mudar?

Acreditamos que muitas dessas perguntas permanecem sem respostas convincentes e esclarecedoras. A conspiração estratégica em torno da centralização de decisões revelou-se um caminho fácil. Certamente um resultado do avanço da concorrência, estimulada, sobretudo, pela facilidade da globalização econômica e pela busca por mecanismos de controle do negócio, esta última passando a ter proporções desconhecidas.

Diversas ações de padronização de marcas surgiram; o mesmo sortimento nas lojas, logística de distribuição integrada, gestão das promoções nas lojas de maneira una, compras de mercadorias para um grupo de lojas, procedimento de recepção de mercadorias e padronização em geral em diversos processos precisaram ser realizados. Caso contrário, a ALMA VAREJISTA nada mais seria do que uma reunião de lojas e marcas, sem uma identidade clara para o mercado bem como internamente, além de não possuir metas transparentes de resultados por negócio. Era cada um por si.

Neste novo cenário de diversificação e de novas regras para a concretização de negócios, a ALMA VAREJISTA, que sempre primou por atuar desta forma mesmo no auge do fordismo, muito à frente do seu tempo, viu-se tentada a reformular os seus princípios e a conceber uma nova filosofia institucional perante seus negócios.

Controlar e centralizar parecia ser o que urgia por uma decisão estratégica, e assim foi feito. Inicialmente na Europa e, gradativamente, nos outros países. No Brasil, este processo iniciou-se no fim de 1999, provocando uma série de contratempos e *misunderstandings* na rede de lojas, com o conseqüente comprometimento dos níveis de serviços e atendimento aos clientes.

Como podemos perceber ao longo da história deste grupo vitorioso do setor varejista, a descentralização sempre foi o seu berço, a sua verdadeira origem. Apesar das conseqüências deste tipo de atuação para uma operação supermercadista nos dias de hoje, em face da concorrência mundial, não nos parece um movimento natural para a ALMA VAREJISTA o caminho da centralização de poder. Sendo assim, o que não é natural, com o tempo, acaba tornando-se indesejado, pois dificilmente conseguimos manter uma performance imposta por muito tempo, o esforço é muito grande.

Não obstante, a centralização ganhou força dentro do cenário competitivo varejista da virada do século – ou as organizações ganhavam escala em suas operações ou poderiam ficar fora do mercado. E assim foi, a empresa viu-se numa posição de empreender uma gestão centralizada em seus negócios.

Estes movimentos tomaram conta de longos bons anos em toda sua operação mundial. Assim, a preocupação prioritária passou a ser pela mensuração e pela padronização das operações; a venda em si passou para segundo plano.

Das entrevistas realizadas nas lojas e na matriz da empresa, podemos captar a clara diferença de expectativas e de motivação dos empregados. Na matriz, o momento apresentava-se como oportuno para o aumento de responsabilidades e de poder e, como tal, imbuía grande motivação nos empregados, que se sentiam mais poderosos, mais envolvidos e comprometidos com os resultados da empresa.

As questões operacionais na matriz começaram a se avolumar. Questões cruciais neste processo foram:

- a necessidade de interligação de sistemas e de bases de dados, com a criação de processos internos que visavam transmitir à direção da empresa os resultados das lojas e das regiões;
- a área de logística, com o desenvolvimento de centros de distribuição de mercadorias;
- mudanças operacionais na entrega de mercadorias para as lojas, com a consolidação de volumes e agregação de serviços nos centros de distribuição;
- mudanças no relacionamento dos fornecedores com os compradores na matriz, uma vez que estes passaram a ser os verdadeiros responsáveis pelas decisões de compra;

- modulação das mercadorias que seguiriam para as lojas; isto é, quais mercadorias deveriam estar em quais lojas.

Todos estes fatores, dentre outras ponderações operacionais, demandavam tempo e esforço conjunto, além de muita engenharia reversa e quebra de paradigmas. Também para a matriz tratava-se de uma mudança abrupta.

O ambiente de trabalho na matriz tornou-se estafante diante da percepção de que as novas tarefas de integração de atividades nunca se esgotavam. Parecia um trabalho sem fim, era como desenrolar uma verdadeira macarronada de feudos e individualismos.

Por outro lado, a sensação de serem os responsáveis diretos pela implantação das estratégias de negócios era motivo de satisfação e aumento de motivação.

Uma coisa é certa, ainda que houvesse uma longa distância a ser percorrida entre a decisão e a implantação nas lojas, a cultura hierarquizada da empresa ainda não acompanhava este ritmo de mudança, provocando algumas decepções e angústias gerenciais. Este foi um momento de recriação cultural e de novas descobertas, tanto sob a ótica da matriz como sob a das lojas, mesmo que partindo de considerações com vieses totalmente dicotômicos.

Sob a perspectiva das lojas, o impacto desta mudança estratégica foi drástico e doloroso. Em pouco tempo, os empregados das lojas se viram consternados com os movimentos promovidos em suas operações.

Sem um comunicado, sem uma reunião, sem uma palavra sequer. A centralização adentrou as operações da ALMA VAREJISTA sem que os diretores de lojas soubessem e fossem envolvidos no processo de mudança. Quando perceberam, muitas coisas já estavam decididas e realizadas. As descobertas ocorriam da pior maneira, ou seja, quando requisitavam determinada mercadoria ao fornecedor, como sempre fizeram, e os mesmos diziam que não podiam mais atendê-los, apenas via pedido na matriz.

Diversas mercadorias começaram a faltar nas lojas por problemas de entrega dos centros de distribuição. Os produtos dos encartes promocionais vindos da matriz, em sua maioria, não eram encontrados nas lojas, simplesmente nunca foram entregues por problemas de distribuição e logística.

Encontravam-se produtos idênticos com preços diferentes na mesma gôndola, confundindo os clientes. Produtos que foram "criados" nas lojas e, como tal, atendiam a uma clientela específica, deixaram de ser oferecidos. As lojas foram proibidas de vender o que não constasse do sortimento nacional definido na matriz. Esgotaram-se os produtos oriundos da criatividade, sem custo (aproveitados a partir de outros já comprados) e com ótimas vendas. Estas foram criações inventivas e cativantes para os clientes, que simplesmente foram descontinuadas.

Diversas lojas que vendiam bem determinado produto, como cachaça, por exemplo, e não vendiam muito bem *whisky*, considerando o perfil do cliente que atendiam, seu poder aquisitivo e suas preferências, viram-se obrigadas a vender na mesma quantidade os dois produtos.

Como conseqüência, sobrava *whisky* e faltava cachaça. Clientes começaram a demonstrar a sua insatisfação e, para piorar a situação, os empregados nas lojas nada podiam fazer, uma vez que tudo dependia de decisão e ação na matriz e de sua boa vontade em atendê-los. Soma-se a isso o fato de o horário de funcionamento da matriz não ser condizente com o das lojas, acarretando uma série de pendências cuja solução levava mais de 48 horas, se é que alguma solução era dada efetivamente.

Neste contexto de impotência operacional, os empregados das lojas apresentaram forte baixa na motivação pela empresa, uma vez que nada mais podiam fazer para influenciar as decisões.

Realisticamente, estavam relegados a meros executores de ordens. Ainda por cima, serviam quase que exclusivamente de ouvidoria para os clientes insatisfeitos. Começaram a perceber que todos os esforços anteriores para construírem a confiança dos clientes em seus produtos e serviços estavam sendo jogados fora. Mais do que isso, aprenderam da pior maneira a triste estatística do *marketing*: um cliente insatisfeito comenta a sua insatisfação com pelo menos 11 pessoas, ao passo que um cliente satisfeito comenta com apenas quatro pessoas, em média.

Esta reformulação estratégica da empresa provocou nas lojas uma onda de desmotivação, insatisfação, baixa de produtividade, diminuição do compromisso com a instituição, desânimo com as expectativas profissionais e a saída de inúmeros diretores de lojas para a concorrência. A confiança foi quebrada e substituída pela decepção empresarial e pela impotência gerencial.

Repentinamente, nem os empregados eram mais selecionados pela própria loja, isto é, os diretores não eram mais os responsáveis por escolher quem iria trabalhar em sua loja e fazer parte de sua equipe. Como motivar um gestor acostumado com o oposto? Como trazer este empregado para o lado da empresa? Como convencê-lo de que esta ação estratégica é a melhor para todos?

Os gerentes não mais definiam o que os seus departamentos venderiam, tudo era estipulado na matriz. O máximo permitido eram sugestões que os gerentes de lojas poderiam enviar para as considerações dos compradores. Neste ambiente, perguntamos: quem estaria disposto a contribuir com a matriz?

Basta dizermos que este tipo de contribuição acontecia muito raramente. A desmotivação era notória no semblante e na disposição dos empregados. Isto afetava, fortemente, a produtividade e os resultados das lojas.

Percebemos nas operações das lojas que o índice de *turnover* dos empregados aumentou consideravelmente; as faltas e os atrasos agravaram-se em comparação com outros anos.

Diversos departamentos amargaram a diminuição de vendas em função da falta de mercadorias, o que não era raro acontecer. Não estamos sugerindo que estes acontecimentos estejam direta e unicamente relacionados ao aspecto da gestão centralizada; todavia, os indícios são bem fortes de que algo de novo ocorreu em um determinado período e influenciou, sobremaneira, esses indicadores.

A estrutura de atendimento na matriz montada para monitorar e orientar as lojas, neste momento de transição, era absolutamente caótica.

A enxurrada de problemas diários não podia ser absorvida. O patamar de soluções dadas era baixíssimo, em razão da carência de sistemas de informações integrados e da agilidade no processamento dessas informações para as lojas. Tudo era muito lento, o que, para a dinâmica do negócio varejista, era um tempo absolutamente inaceitável.

Com toda esta movimentação em torno da centralização, o que podemos perceber nitidamente é o quanto a empresa ALMA VAREJISTA se viu lutando contra a sua vocação de gestão descentralizada, agonizando em torno de problemas internos infindáveis, desenvolvendo mecanismos de controle do negócio e deles tornando-se refém. Enquanto isso, perdia empregados importantes, clientes e *market-share* para a concorrência.

Na visão da direção da empresa, estes foram momentos de briga e de luta e não haveria outro caminho para a organização, sob pena de se perder e estagnar em mais alguns anos.

Enfim, foi um mal necessário e que jamais poderia ter sido evitado. Era um percurso de provação e que precisava ser percorrido. Percebemos que, na ótica da direção, este caminho já se findou; contudo, não é o que se vislumbra nas lojas. Existe hoje extrema distância entre o discurso da direção e o que realmente ocorre no chão das lojas. São dois mundos ainda dicotômicos, mas brigando para se tornarem um só, nem que seja pelo menos no propósito.

O destino da empresa dentro desta política globalizada é incerto, assim como o seria caso permanecesse como estava, como são os riscos de qualquer posicionamento estratégico nos dias de hoje.

Quando analisamos os desdobramentos das ações e as modificações que foram realizadas, conseguimos perceber diversas transformações nas operações das lojas e na matriz.

Existe, finalmente, uma única empresa imbuída de um mesmo objetivo. Apesar do começo deselegante e desastroso, os empregados assimilaram o que precisava ser feito e, em certo sentido, tomaram para si uma boa parcela da responsabilidade pelo sucesso da implantação.

Parece que, em meio ao caos, pessoas valiosas conseguiram enxergar e contagiar outras pessoas em prol do sucesso da empresa. Em vez de ficarem se lamentando e reclamando das agonias do passado recente e do que poderia ter sido, resolveram abraçar esta causa e transformá-la no melhor que pudessem fazer em suas atividades diárias.

Neste sentido, a matriz também começou a perceber que muita inflexibilidade, depois que a relação se transformava numa parceria com as lojas, não somava nada aos resultados do negócio, pelo contrário. Portanto, começou a ouvir e a entender as agonias operacionais das lojas e, depois de um longo período, matriz e lojas almejavam as mesmas metas, sentavam do mesmo lado da mesa e olhavam para frente, somando talentos e disposição em prol dos resultados da empresa.

O caminho estratégico escolhido mostrou-se sem perspectiva de volta. O rumo a ser tomado, certo ou errado, era buscar a correção das agonias e dos problemas existentes visando à obtenção dos melhores resultados possíveis nas operações.

A inflexibilidade de antes transformou-se na preocupação de hoje, quando essas intempéries organizacionais ganharam força frente à direção da empresa. Quando convencida de que outras ações precisavam ser feitas, em paralelo a todo o processo de centralização, a atitude da matriz perante as lojas se modificou.

Antes, as lojas eram culpadas de tudo que acontecia de errado, eram consideradas desorganizadas, despreparadas e, ainda, repletas de ações pouco lícitas em seus sistemas de informação. O objetivo era contornar os controles que eram impostos pela matriz.

Mais tarde, a matriz percebeu que nem tudo era uma questão da loja. Muitos problemas aconteciam na própria matriz, já que ainda não se mostrava completamente preparada para gerir e digerir todo esse processo de centralização.

O que vai acontecer à ALMA VAREJISTA com a continuação desta estratégia poucas pessoas podem afirmar. No entanto, o cenário econômico mundial já se apresenta de outra forma e, como tal, o que poderia ser utópico e inconseqüente, de uma hora para outra, pode tornar-se viável e até condizente com o momento econômico e empresarial.

Assim é o mundo dos negócios: balança e se modifica ao sabor dos acontecimentos, os quais, às vezes, não possuem relação direta com a economia. Um acontecimento na China pode impactar os resultados da bolsa de Nova Iorque e assim sucessivamente nos outros países. Tudo está interconectado no mundo globalizado.

Nesse momento, acreditamos que não caibam mais ponderações acerca da efetividade das estratégias que foram implementadas. O que foi feito pertence ao passado recente. A empresa acorda para uma nova realidade organizacional e para um novo espaço de oportunidades que se molda em seu futuro promissor.

O que antes fazia parte do orgulho de cada empregado agora é tratado com as cores da realidade econômica e do que é preciso ser feito, custe o que custar. O horizonte mostra-se próspero e consolida cada vez mais o que já foi plantado – certo ou errado, os frutos começam a aparecer.

A tendência na indústria do varejo, assim como em vários outros segmentos de negócios, é a consolidação de operações. Cada vez mais, presenciamos fusões e aquisições daqui e dali, seja por uma estratégia de expansão, seja por uma fragilidade da concorrência ou ainda, e simplesmente, pela ocupação do espaço vago deixado (ou criado) no mercado para determinado nicho.

No caminho da ALMA VAREJISTA, encontram-se muitas aquisições e junções de atividades com outras empresas menores. Não obstante, também pode sofrer o assédio de outras cadeias varejistas desejosas de galgar novos patamares de competição no cenário empresarial.

Ademais, prever o que acontecerá é uma tarefa insólita e ingrata. A margem de erro é ampla. O fato é que a organização não pode prender-se às decisões do passado, julgar o que foi feito é perder tempo. Certo ou errado, não nos cabe condenar a linha de ação ocorrida.

Ter o passado como uma referência, como uma foto na parede para tomar novas decisões no futuro, é sinal de sabedoria executiva. Uma coisa é ter a foto como uma referência, outra é repetir os mesmos padrões de ontem em prol do futuro.

Os cenários mudam, as economias são mais dinâmicas do que nunca. Cesare Gantú escreveu que "não arriscar nada é arriscar tudo". Não fazer nada é também uma escolha.

A ALMA VAREJISTA arriscou, tentou, viu "o olho do furacão" e tentou mobilizar-se para enfrentá-lo. Hoje, é uma empresa transformada, mais forte, mais experiente e disposta a lutar cada vez mais pelo seu sucesso.

Capítulo 5

Cooperação das Pessoas = Fragmentação ou Centralização?

Com o novo cenário econômico-empresarial, as organizações de sucesso serão aquelas que possuam poucos níveis hierárquicos e trabalhem mais em redes e grupos. São estruturas organizacionais que buscam promover a interligação. Estruturas altamente hierarquizadas e em pirâmides estão definitivamente desvalorizadas.

A nova liderança dos negócios pressupõe fazer mais, melhor e por menos. Neste sentido, as ligações internas das empresas devem estar calcadas em metas comuns e não nas relações de hierarquia.

A atualidade apresenta sinais claros de que estamos em um novo momento. Somos influenciados pelas mudanças cada vez mais rápidas e complexas em todos os setores de negócio; também em nossas próprias casas, pela globalização, pelo surgimento de novas tecnologias, modificações demográficas, revoluções sociais e econômicas que despontam aqui e acolá.

Cada vez mais, o mundo caminha para relações de interdependência, não existe mais a visão isolada e alheia aos fatos que ocorrem nos países vizinhos e nos mercados próximos. Mais do que isso, iniciativas como a unificação da Europa, a tentativa semelhante do Mercosul, dentre outras, revelam a cada dia o quanto dependemos uns dos outros, o quanto as economias estão interligadas.

As teorias administrativas acerca dos negócios e as pressuposições sobre a natureza humana de ontem não podem mais ser consideradas referências para o desenvolvimento de estratégias empresariais de hoje. Podem servir para influenciar e estimular reflexões; no entanto, muitas concepções de grandes teóricos e executivos do século passado não mais se aplicam à realidade que enfrentamos.

O mundo em que vivemos é bem diferente do mundo em que estas percepções e teorias nasceram. A realidade atual da sociedade e o berço organizacional de muitas teorias evoluíram de maneira incrível e, muitas vezes, imperceptível aos olhos menos atentos. Precisamos acordar para este novo horizonte em nossa frente.

Estamos lutando em uma nova guerra e utilizando as mesmas armas do passado. De que adianta um estilingue num universo cercado por armas de fogo? Planejar o futuro olhando pelo retrovisor não é sinal de reflexão – é sinal de mesmice, de manutenção do que sempre fizemos em nossas empresas, quer estejamos certos, que estejamos errados.

Atualmente, a gestão de recursos humanos em qualquer organização constitui-se em um dos maiores desafios que um executivo enfrenta. As tecnologias já deixaram de ser fator de diferenciação para se tornarem fator de sobrevivência. Quem não tem está fora do jogo empresarial.

As vantagens conquistadas com o uso de tecnologias mais modernas (em comparação a outras empresas) já deixaram de ser encontradas na grande parcela dos mercados.

Com o equilíbrio entre oferta e demanda em muitos cenários econômicos e mercadológicos, com a enxurrada de produtos e serviços similares e com o conseqüente acirramento da concorrência em torno dos melhores (talentos e clientes), as empresas começam a direcionar os seus esforços para os verdadeiros fatores de diferenciação, que são as pessoas e a visão estratégica do negócio.

Ainda hoje, muitas empresas mantêm a mentalidade obtusa de "vigiar e punir". Este é um sistema ultrapassado de gestão, já está comprovado que não mais é aplicável no novo cenário dos negócios.

Muitas organizações ainda não acordaram para este fato, seguem completamente as máximas do passado glorioso, sem sequer se darem conta das razões de estarem fazendo isso. Simplesmente repetem um padrão e fazem persistir um *hall* de conceitos que não se adeqüam mais aos objetivos, à missão e aos valores da organização.

O que às vezes parece ser uma nova idéia na administração não passa de um velho conceito embrulhado de forma diferente. Precisamos apurar as premissas que foram levadas em consideração para se chegar à "nova" concepção. Em geral, perceberemos que a origem foi a mesma e, neste caso, não passará de uma nova embalagem.

O investimento nas pessoas é o único com retorno garantido, sem risco. Na pior das hipóteses, já se fez a diferença no futuro de alguém. Não há preço que pague um empregado bem treinado, motivado, com iniciativa, garra e sintonizado com os objetivos da empresa e do negócio.

É muito mais sensato investirmos no treinamento e no desenvolvimento de nossos empregados do que passar o resto de nossas vidas demitindo quem não se encaixa nos nossos valores e nas nossas percepções. Precisamos entender e aceitar que cada pessoa tem sua personalidade, e a mudança só ocorre quando vem de dentro de cada um. Podemos e devemos estimulá-las nessa busca interior.

Os executivos precisam criar a consciência da importância das pessoas, de que são elas que trazem os resultados ou os comprometem, quando não estão envolvidas nos processos decisórios. São elas que fazem a diferença. São elas que vendem uma marca, um serviço ou que os direciona para a concorrência.

De nada adianta uma bela estratégia de *marketing*, somada à aquisição de produtos com descontos fantásticos (que serão vendas certas e lucrativas para a empresa), sem que as pessoas dêem suporte a essas estratégias.

Sem pessoas capacitadas que entendam do negócio, que estejam lá porque gostam, que queiram crescer junto, que desejem o sucesso da empresa, todos os esforços e investimentos realizados seriam categoricamente perdidos. As estratégias e ações precisam estar alinhadas com o potencial e o desenvolvimento dos recursos humanos.

Possibilitar o desenvolvimento constante, o espaço para a expansão de consciência individual, perspectivas de carreira e crescimento, um excelente ambiente de trabalho, o foco nos fatores motivacionais, a preocupação com as pessoas (empregados, clientes, fornecedores, familiares dos empregados etc.), com a preservação do meio ambiente e da conscientização social, são fatores que todas as organizações devem almejar, muito antes da linha do lucro.

Os executivos precisam compreender que estes fatores, associados a outras posturas da empresa, levarão ao sucesso e ao doce sabor do êxito.

Fechar os olhos para isso é isentar-se de culpa e fugir pela porta dos fundos, pela porta da mediocridade empresarial. Tomar decisões que não levam estes fatores em consideração, e no caso específico, o fator humano envolvido, é ato e obra da insanidade, da ganância financeira, da perspectiva pessoal e/ou, o que seria mais triste, da pura incompetência.

Para atingirem o sucesso, as empresas precisam desenvolver estruturas flexíveis que lhes permitam rápida adaptação às mudanças bem como estarem suscetíveis aos anseios e aos desejos dos seus clientes.

Com esta filosofia em mente, essas "novas organizações" devem ter menos níveis hierárquicos e mostrar maior capacidade de desenvolver alianças e parcerias globais, em prol dos seus clientes e da oferta de produtos e serviços que façam a diferença. Além disso, precisam engajar-se e entender as práticas e costumes de seus mercados.

Uma organização que busque controles e procedimentos (centralização) está caminhando na contramão empresarial, distanciando-se das necessidades e dos desejos de seus clientes. Com o tempo, poderá perder completamente o foco do seu negócio, transformando-se numa empresa especialista em controles para a sua gestão, mas sem perspectiva para o seu futuro, uma vez que o negócio, nessa altura, já estará em segundo plano.

Os executivos precisam sair do discurso e da retórica, precisam apostar na relevância das pessoas para os seus negócios.

Quando as decisões passarem a ser tomadas sob a luz do interesse coletivo e democrático em prol das pessoas, antes do desejo econômico e financeiro, teremos alcançado um novo patamar na gestão das organizações. Neste novo patamar, novos desafios surgirão para nos tirar o sono tranqüilo.

Se este novo patamar surgir, irá trazer a sensação da vitória do homem perante a máquina, dos bons e velhos costumes perante a nova onda virtual, da onda do estresse por falta de tempo, dos conflitos familiares gerados pelo trabalho, pela falta de prazer na vida e no trabalho.

O tempo é fator de extrema relevância, valor e escassez. Quanto mais valor dermos ao tempo e às pessoas, mais conseguiremos extrair resultados dos mesmos, melhor nos sentiremos e melhor será para as nossas empresas.

Este livro não pretende ser nada mais do que estímulo à reflexão crítica acerca da loucura dos nossos dias, daquilo que nos acostumamos a fazer sem perceber. Não sabemos para onde vai a fila, mas entramos nela, tal qual a quantidade de posicionamentos que tomamos simplesmente seguindo o piloto-automático. Além disso, das decisões que são tomadas em nossas empresas com o foco unicamente econômico-financeiro, sem nenhuma preocupação com os agentes principais dos processos.

Seguimos padrões que estão arraigados em nós sem sequer repensarmos e reavaliarmos o momento presente.

- Quantos de nós continuamos com a mesma rotina dia após dia, noite após noite e os resultados continuam os mesmos?
- Já pensou se continua fazendo sentido? Já ponderou sobre a possibilidade de fazer de outra forma? Será que os resultados serão os mesmos?
- Está com medo de arriscar? Qual o problema, falta autoconfiança? Você quer mesmo mudar isso? Pense, por onde devemos começar?

Que tal começar por uma conversa franca e decidida com uma pessoa muito importante para as suas pretensões? Você sabe quem estou mencionando? Vou dar uma dica, feche o livro agora e vá até o espelho do seu banheiro... vá, eu espero aqui...

quando retornar, diga quem você encontrou lá. Esta pessoa que você encontrou guarda a resposta para o seu sucesso. Tudo depende de você e das suas escolhas. As suas escolhas dependem das suas crenças e dos seus valores. Trabalhe com você, e poderá mudar o que desejar em sua vida.

A gestão de pessoas precisa alcançar nova relevância na mente dos nossos executivos. A gestão em si necessita abrir os olhos para a perspectiva de humanização, neste abraço apertado e no estímulo essencial em prol da expansão de consciência. Isso precisa mudar, os executivos precisam acordar para esta nova realidade e, mais do que tudo, ansiar por um novo futuro.

Como escreveu Adam Smith, a ambição universal do homem é viver colhendo o que nunca plantou. Se não plantarmos essa idéia, a semente da importância do fator humano a ser considerado nas decisões estratégico-gerenciais, jamais conseguiremos colher uma nova safra de empresários e executivos que conduzam suas empresas de uma forma mais humanista, cujo foco não seja meramente econômico-financeiro.

A visão e missão da empresa não são, ou melhor, não podem ser simples frases de efeito na parede. O que deve motivar os executivos é a própria concepção dos seus negócios e empreendimentos e não somente o retorno financeiro. Temos que agir agora, no presente.

No que tange à ALMA VAREJISTA, o tempo trará as respostas. Até o momento, a estratégia de centralização mostra-se adequada aos tempos que vivemos, todavia, com algumas ressalvas importantes. Nem todas as atividades precisam e devem ser centralizadas, somente nas que são obtidos ganhos expressivos.

Referimo-nos às questões voltadas para o *marketing* institucional, promoções nacionais de mercadorias, definição de um *mix* regional e de um *mix* nacional que represente cerca de 50% do sortimento total, deixando os outros 50% do sortimento para que as lojas possam determinar o que vender e o que comprar.

A recomendação é de que a gestão de pessoas deve ser completamente descentralizada, desenvolvida em cada loja plenamente. O treinamento é função da matriz e da política institucional. Os treinamentos técnicos e específicos devem ser centralizados e unificados, objetivando ganhos de produtividade e redução de custos. A logística deve ser integrada e sintonizada com as perspectivas de expansão da companhia, facilitando os níveis desejados de serviço e atendimento aos clientes.

O raciocínio utilizado aqui refere-se ao tipo de ponderação que os dirigentes devem fazer antes de determinarem soluções que consideram necessárias e/ou milagrosas. O bom senso e a visão holística, buscando o melhor para a organização, têm-se mostrado como a melhor escolha.

Não existe uma resposta certa e outra errada, ambas as estratégias se aplicam. A questão que se coloca é: o que é mais próximo da necessidade da empresa, com base no momento que atravessa e nos cenários econômicos vigentes?

A forma como é implantada, seja qual for a estratégia escolhida, é fator decisivo para a obtenção do êxito e do comprometimento das pessoas envolvidas.

A forma de implantação de uma nova estratégia é tão importante como a própria estratégia. Diz muito sobre a cultura e os valores da empresa.

A ALMA VAREJISTA possui recursos e o desejo recorrente de vitórias. Errar e acertar fazem parte da trilha daqueles que assumem riscos, o importante é estarmos abertos para reavaliar as atitudes e as conseqüências dos atos praticados. Não há dúvida de que a ALMA VAREJISTA precisava fazer alguma coisa quanto a isso, uma vez que o tempo é implacável com as decisões de ontem.

Se desejar, a instituição certamente conseguirá reverter o quadro em que se apresenta; resta saber somente qual será o foco, isto é, se o retorno financeiro sobrepuja o impacto para as pessoas ou se as pessoas adquiriram um novo peso e relevância nas decisões. O momento desta reflexão nos parece ser extremamente oportuno, quando percebemos as contínuas mudanças ocorridas.

Em sua grande parte, a centralização das decisões pode provocar a perda do foco no negócio (comercial); isto é uma questão de tempo. Assim, transformam-se empresas de excelência no cumprimento de políticas e controles em obtusas para as reais necessidades dos seus clientes. Ainda, contribuem para um distanciamento entre as pessoas que decidem dos clientes que consomem os seus produtos e serviços. É o caminho de volta ao mecanicismo, em detrimento do caminho em prol da humanização.

É motivo de profunda inquietação e estudo o que este tipo de decisão provoca e os muitos reflexos que causará nos anos que se seguem.

Referências Bibliográficas

1. ÂNGELO, Cláudio Felisoni *et al.* (coord.). *Varejo Competitivo*. São Paulo: Atlas, 1997.
2. BATTEN, JOE D. *Você Quer, Você Pode*. São Paulo: Best Seller, 1990.
3. BENNIS, Warren G. *A Invenção de uma Vida*. São Paulo: Campus, 1999.
4. BENNIS, Warren G. *Organizações em Mudança*. São Paulo: Atlas, 1976.
5. BRIGAGÃO, Clóvis Eugênio Georges, RODRIGUES, Gilberto Marcos Antonio. *Globalização a Olho Nu: O Mundo Conectado*. São Paulo: Moderna, 1998.
6. CHANDLER, Alfred. *Strategy and Structure*. Boston, MA: MIT Press, 1962.
7. CHIAVENATO, Idalberto. *Gerenciando Pessoas: O Passo Decisivo para a Administração Participativa*. 3ª ed. São Paulo: Makron Books, 1994, 1992.
8. FOLLETT, Mary P. *Profeta do Gerenciamento*. Rio de Janeiro: Qualitymark, 1997.
9. LEVY, Michael, WEITZ, Barton A. *Administração de Varejo*. São Paulo: Atlas, 2000.
10. LUNDIN, Stephen. *Peixe! Como Motivar e Gerar Resultados*. São Paulo: Campus, 2001.
11. MINTZBERG, Henry et al. *Safári de Estratégia: Um Roteiro pela Selva do Planejamento Estratégico*. Porto Alegre: Bookman, 2000.

12. MOTTA, Fernando C. Prestes. *Teoria Geral da Administração: Uma Introdução.* 22ª ed. ampl. São Paulo: Pioneira, 1998.
13. MOTTA, Paulo Roberto. *Gestão Contemporânea: A Ciência e a Arte de Ser Dirigente.* 11ª ed. Rio de Janeiro: Record, 2000.

OUTROS TÍTULOS SUGERIDOS

LOJAS

Motivos que as Levam ao Sucesso ou ao Fracasso

O Manual do Lojista

Autor: Adriano Godoy
Nº de páginas: 164
Formato: 16 X 23cm

O leitor que estiver interessado em descobrir melhores caminhos para buscar melhores resultados em seu negócio, encontrará aqui inúmeras sugestões de procedimentos que vão desde a compra até a entrega do produto ao consumidor.

Especialista em consultoria junto ao varejo, o autor Adriano Godoy apresenta dicas e sugere que os empresários atuem em pelo menos quatro fontes básicas em sua loja: Compras, Marketing, Projeto da Loja e Vendas.

O Futuro Próximo do Varejo

Um Verdadeiro Império dos Sentidos

Autor: Luiz Freitas
Nº de páginas: 120
Formato: 16 X 23cm

Nesta obra, o autor Luiz Freitas apresenta tendências do futuro do varejo, seus aspectos e características predominantes, sem nenhuma preocupação em descrever o futuro de forma profética ou futurística, como descrito em filmes como "2001 Uma Odisséia no Espaço".

O autor lembra ainda que já estamos em 2006 e nada está muito parecido com o que aquele filme propôs. Para ele, o mundo do futuro próximo será bem mais parecido com as histórias de magia e afeto da Bela Adormecida. Um futuro com mais emoção no qual, apesar do grande desenvolvimento da tecnologia, o ser humano se preocupa mais com aspectos da subjetividade do que com os aspectos da racionalidade e lógica.

Entre em sintonia com o mundo

QualityPhone:
0800-263311
Ligação gratuita

Rua Teixeira Júnior, 441
São Cristóvão
20921-405 – Rio de Janeiro – RJ
Tel.: (0XX21) 3094-8400
Fax: (0XX21) 3094-8424

www.qualitymark.com.br
E-Mail: quality@qualitymark.com.br

Dados Técnicos

Formato: 16 x 23

Mancha: 12 x 19

Corpo: 11

Entrelinha: 13

Fonte: Bookman Old Styke

Total de Páginas: 144

Impresso por:

Edil
Artes Gráficas

Tel/Fax: (21) 2159 7979
E-mail: edil@edil.com.br